知らなきゃよかった！本当は怖い雑学

衝撃編

何気ない日常に隠れた
意外な事実、耳を疑う社会のルールや風俗、
未来予想、あっと驚く人体の不思議、
もしも…を想定した際の恐ろしいシミュレーション
心理実験でわかった人間の本性——。
あなたの常識が根底から覆る他言無用の雑学１２３本！

知らなきゃよかった！本当は怖い雑学　衝撃編

もくじ

［第1章］知らなきゃよかった！怖い日常

バリウムによるガン検診の98％は誤診……10
受動喫煙による国内の死亡者は年間1万5千人……12
プールで目が赤くなるのは「塩素」ではなく「小便」のせい……14
フェイスブックにはコカインと同程度の依存性がある……16
職場のデスクで食事をする習慣は極めて不衛生……18
不安を抱えていると、人は無意識に左へ曲がる……20
血液型による性格診断に科学的根拠ゼロ……22
キスの本当の目的はバクテリアの交換……24
BMIは、あまり信用できない……26
雪かきと心臓発作の深刻で密なる関係……28
言い間違いは、人の本音が隠されている……30
新郎新婦のなれそめの「共通の趣味を通じて」は出会い系サイトで知り合った可能性大……32
事件・事故は満月の夜に多発する……34
父親の25人に1人が他人の子供を我が子と信じて育てている……36
日本の殺人事件の半数は、親の子殺しか心中……38
かき氷のシロップは全て同じ味……39

「ご冥福をお祈り申し上げます」は
「地獄に落ちろ」級の侮辱フレーズ……40
「自然死」を迎えられるのは、たったの4%……41
セックスの最中、
女性の約半数が別の男性を妄想している……42
洋式トイレは便秘になりやすい……43
年間200〜300人が
「オナニー死」している……44

[第2章] 知らなきゃよかった! 怖い社会

ストーカーの半分は女性……46
50年後、ロボットとの
セックスが当たり前の世の中に……48
1日37人の指名手配犯が
新宿駅を利用している……50
西暦3000年、日本の人口はたったの1千人……51
近い将来、顔面の解析だけで
テロリストや小児性愛者が特定可能に……52
ロシアでは、毎年100人以上が
つららで死亡している……54
将来、256人の親を持つ
「IVGチルドレン」が誕生する……56
ニュースが報じる
「心不全による死」は秘密が多い……58
江戸時代まで同性愛はごく普通だった……60
事故物件は、
誰かが一度住めば告知の義務無し……62
平均3千円もする宅配ピザ
Lサイズの原価は300円……64
カナダの建国記念日「7月1日」は、
ペットにとっては悲劇の日……66
午前9時に始業開始の会社は
従業員を病気にさせる……68

地球上で最も人間の命を奪っている生き物は「蚊」……70
2050年までに世界で10億人が失明する危険あり……72
アメリカで最も自殺者の多い職業は医者……74
アメリカ国民の6分の1、5千万人が肥満なのに栄養失調……76
道路交通標識の「！」が意味するもの……78
インドの中学の教科書では、日本がアメリカに原爆を落としたことになっている……79
ラブホテルで腹上死した老人は路上に捨てられる……80

［第3章］知らなきゃよかった！
怖い人体

全身麻酔がなぜ効くのか、実はよくわかっていない……82
胸やけを感じるとき、実際に胸が焼けている……83
流したときの感情によって涙の味は変わる……84
脳は痛みを全く感じない……85
ニセの薬でも効く、ノンアルコールでも酔う……86
ほ乳類の心臓は15億回の鼓動で停止する……87
死の瞬間はセックスの200倍気持ちいい……88
体感上、人生の半分は19歳で終わっている……89
凍死の間際は暑くてたまらない……90
人間の脳は1時間で半分以上の記憶を失っている……91
誰にでも輸血可能な200万に1人の血液型が存在する……92
46年間妊娠し続けた75歳の女性がいる……94

人は「傷心」が原因で死んでしまうことがある……96
いくらもがいても眠れず、最終的に死に至る恐怖の遺伝子疾患がある……98
夢遊病者は睡眠中、体重が無くなっている!?……100
老化のスピードは人によって3倍違う……102
赤ちゃんの「へその緒」を切る時間を3分遅らせるだけで、運動機能がアップする……104
目隠しで食事をすると、満腹感がより得られる……106
我慢したオナラは口から出る……108
出産したばかりの子供とDNAが一致しない不思議……110
他人の瞳を10分間見続けると、モンスターが現れる……112
世の中には生まれつき指紋の無い人がいる……114
左利きは右利きより9年寿命が短い……116
太ってる人に「太ってるね」と言うと、さらに太る……118
心臓が止まっても、精子は3日以上生き続ける……119
砂漠で最も多い死亡原因は「溺死」……120

［第4章］知らなきゃよかった！

怖いもしも

もしも人類が滅亡したら……122
もしも酸素が5秒間だけ無くなったら……124
もしも地球が自転を止めたら……126
もしも宇宙飛行士が命を落としたら遺体はどうなる?……128
もしも日本が核攻撃を受けたら……130

もしも首都圏直下型地震が発生したら……132
もしも日本と中国が戦争状態に陥ったら……134
もしも富士山が噴火したら……136
もしも死刑を執行して死ななかったら……138
もしも借金を返さないまま放置したら……140
もしも地球上からハチがいなくなったら……142

［第5章］知らなきゃよかった！ 怖い心理実験

〜ロフタスの虚偽記憶実験〜
人の記憶はいとも簡単に捏造される……144
〜アルバート坊やの恐怖条件付け実験〜
「恐怖心」は幼少期の刷り込みで作られる……146
〜シャクターの親和欲求実験〜
不安にかられているとき人は騙しに遭う……148
〜ハーロウの愛情行動実験〜
愛情無しに育てられた子供は
大人になっても我が子を愛せない……150
〜ヘッブの感覚遮断実験〜
五感を奪われると人間は3日で気が狂う……152
〜ミシェルのマシュマロテスト〜
人の将来は幼少期の自制心で決まる……154
〜ローゼンハンの精神医学診断実験〜
精神病院の医者は偽の患者を見抜けない……156
〜「チェンジ・ブラインドネス」実験〜
人間は話す相手が変わっても気づかない……158
〜ショッピングモールでの迷子反応実験〜
イギリスの大人が、
困っている少女を助けない理由……160
〜シャメイ＝ツォーリのシャーデンフロイデ実験〜
人の不幸を喜ぶ感情は
生後2年で芽生える……162
〜セリグマンの「学習性無力感」実証実験〜
監禁事件の被害者が逃げない心理……164

～ダーリーとラタネの「傍観者効果」検証実験～
目撃者が多いと、
人は殺人事件が起きても無視をする……166
～デシの「アンダーマイニング効果」検証実験～
報酬は時に人の〝やる気〟を萎えさせる……168
～教師ジョーンズのサード・ウェーブ実験～
ナチズムはたった4日で浸透する……170
～ターナーのクラクション実験～
人間は自分より
弱い相手には攻撃的になる……172
～ミルグラムのアイヒマンテスト実験～
権力者からの命令は、
どんな残虐な内容でも逆らえない……174

[第6章] 知らなきゃよかった！ 怖いエトセトラ

宝くじ1等の当選確率は、
交通事故で1千回死ぬ確率と同じ……178
ジョギング健康法の
提唱者はジョギング中に死亡した……179
長年離れて暮らした親族が再会すると
近親相姦の関係に陥りやすい……180
17世紀の絵画にアイフォンが描かれている……182
AVをよく見る人ほど宗教活動に熱心……184
ベトナム戦争時、〝まばたきモールス信号〟で
「拷問」を告発した米兵がいる……186
青酸カリで人を殺すのは想像以上に難しい……188
元カレ元カノと友人関係を築ける人は
ナルシストで腹黒い……190
人間の魂の重さは21グラム……192
海外の子守唄の歌詞が怖すぎる……194
世界には自分に瓜二つの他人が存在する……196
「美人薄命」はウソ……198

ホロコースト生存者の子供には、悲劇のトラウマが受け継がれている……200
この世に完全な異性愛者は存在しない……202
図鑑やテレビ、映画に登場する恐竜の肌の色は適当に決められている……204
「斬り捨て御免」で相手に逃げられたら死刑か切腹……206
エジプト航空「804便」はマレーシア航空機失踪の「804日後」に墜落した……208
なぜ新商品は静岡県でテスト販売されるのか?……210
欧米のホテルに「420号」が無い理由……212
長女は妹より太りやすい……214
サウジアラビアはオーストラリアからラクダを輸入している……215
ガンジーは父親の最期を看取れないほどセックスに溺れていた……216
「フェラチオ」という言葉を広めたのはチャップリン……217
ベートーベンの肖像画の不機嫌顔は家政婦が作った朝食が不味かったから……218
新選組が殺した人数は敵よりも味方の方が多い……219
「壁ドン」は暴行罪に問われることがある……220
なぜ「夜に口笛を吹いてはいけない」のか……221
剣道で一本を決めガッツポーズをすると一本取り消し……222
日本初の女性向けソープランド閉店の理由……223

※本書は「知らなきゃよかった! 本当は怖い雑学 驚愕編」(2016年8月、小社刊)を加筆、修正、再編集し文庫化したものです。
※本書掲載の情報は2017年9月時点のものです。

［第1章］

知らなきゃよかった！怖い日常

あくまで「怪しい人」を見つけるのが目的
バリウムによるガン検診の98％は誤診

日本人の死因の3分の1を占めるガン。世間では早期発見が第一と、定期健診を呼びかける声が大きい。では、万が一健診で「ガンの疑いあり」と診断されたら、どうすべきか。

ここに興味深いデータがある。1996年から2002年まで「大阪がん予防検診センター（現・大阪がん循環器病予防センター）」で胃ガン検診を受けた43万人のうち、「陽性」とされたのは約4万人。しかし、その中で本当にガンだったのは、たったの782人だけ。確率1・9％。つまり、残り98％は誤診だったというわけだ。

ちなみに、ここで行われている胃ガン検診は、バリウムを飲んでからX線で写真を撮影し、不審な影がないか調べるというもの。その感度（ガンを見つけられる確率）は90％と高い。にもかかわらず、実際の数値は極めて信用性が低い。これは、そもそも自治体などで行われている検診（対策型検診）の目的は「怪しい人」を見つけて精密検査を受けさせることで、そこまで厳密さが求められてないからだと言われる。

2015年現在、バリウム検査による集団胃ガン検診は、全国で年間1千万人が受診しているという。が、その技術は古くてガン発見率は低いばかりか、受診者を危険に晒すものと批判する専門医も多い。実際、検診機器に挟まれる、あるいは固まったバリウムにより大腸に穴が開くなどの事故での死亡例も少なくないらしい。こうした事情を受け、厚生労働省は、16年度からの胃ガン検診に、これまで唯一推奨してきたバリウム検査に加え、内視鏡検査を推奨することを決めている。

バリウム検査で誤診が多いのは事実。ただ、本当に恐ろしい誤診は、ガンであるにもかかわらず命に問題無しと診断されることだ。15年5月にこの世を去った俳優の今井雅之が、大腸ガンを腸の風邪と誤診されたように。

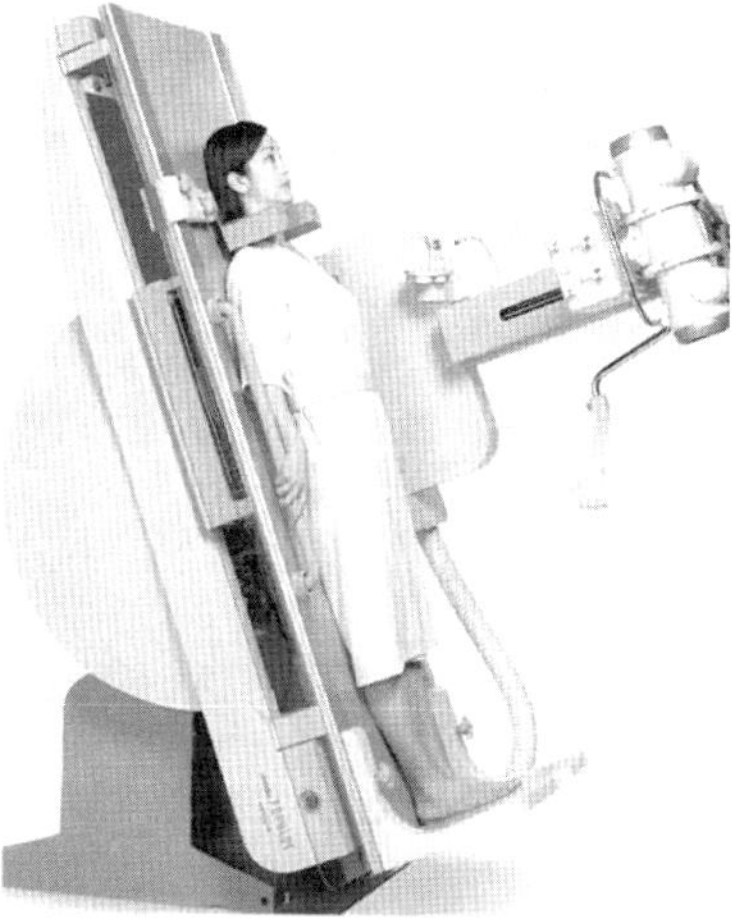

年間１千万人が受診しているバリウム検査

受動喫煙による国内の死亡者は年間1万5千人

世界レベルでは、年間60万人が犠牲に

２０１６年5月31日、世界禁煙デーのこの日、「国立がん研究センター」のグループが、他人のタバコの煙（副流煙）を吸い込む「受動喫煙」による日本国内での死亡者数が、年間およそ1万5千人に上ると発表した。これは、受動喫煙と病気の因果関係がわかっている4つの病気で、非喫煙者と比べたリスクや、職場や家庭での受動喫煙割合の調査などから年間死亡数を推計したもの。病気別には、肺ガンが２千４８４人、心筋梗塞などの虚血性心疾患が４千４５９人、脳卒中が８千０１４人、乳幼児突然死症候群が73人と報告されている。研究グループによれば、この数字は受動喫煙の被害を受けていない人に比べ１・28倍高いという。

世界レベルで見てみると、ＷＨＯ（世界保健機関）の調査では、受動喫煙を原因とした全世界の年間死亡人数は推定約60万人。職場の受動喫煙によって毎年世界でおよそ20万人の労働者の命が奪われているらしい（04年調査）。

近年の嫌煙ムードで、愛煙家はどんどん肩身の狭い思いをしている。が、タバコの煙が

周囲にどんな悪影響をもたらすのか知る人は少ない。すぐに現れる症状としては、目やのどの痛み、心拍数増加、咳き込む、手足の先の冷えなど。長期的には、心筋梗塞や狭心症で死亡する危険性が2倍以上になることが報告されている。また、妊婦が受動喫煙にさらされると、流産や早産の危険性が高くなったり、新生児の低体重化が起きる場合もある。

では、ベランダや喫煙所など、他の場所で吸っていれば受動喫煙は防げるかと思いきや、さにあらず。喫煙者がタバコを吸い終わった直後には、口や肺の中にタバコの煙がまだ残っているのだ。喫煙による加害者になりたくなければ、完全に閉鎖されたスペースで吸うか、禁煙するしか手はなさそうだ。

もはや犯罪と呼ぶべき行為

フィリップモリスの電子タバコ「アイコス」。副流煙の代わりに水蒸気が出るため周囲への影響が少なく、有害物質を90％カット。それでいて喫煙感がリアル、と超人気

血走ったスイマーが多いプールはヤバい

プールで目が赤くなるのは「塩素」ではなく「小便」のせい

プールで水泳を楽しんだ後、目が赤くなる現象は多くの人が経験したことがあるはずだ。そして、大半はその原因が、プールの水を消毒するための「塩素」が目に入ったからと考えているだろう。しかし、事実は全く違う。2015年、アメリカの研究グループが、驚くべき調査結果を発表した。

アメリカの水質・健康協議会の調査によると、約半数の米国人はプールに尿が流出すると水の色が変わる化学物質が含まれていると信じており、71%がプールで目が赤くなる原因は塩素であると考えているとのこと。しかし、実際には尿と反応して水の色が変わるような化学物質は存在しておらず、また、プールで泳ぐ人の目が赤くなる現象の原因は消毒用の塩素ではなく、なんと「プールに放たれた尿」であることが明らかになった。

塩素などの消毒剤はプール内の殺菌のために投入されているが、いったんプールに尿が含まれると、塩素が尿と反応して、刺激物を生成。そして、ゴーグルを付けずに泳ぐ人の目の中に尿と塩素が反応して生成された刺激物が入ることで、赤く血走ったような見た目になってしまうらしい。

水質・健康協議会はこの問題を解決するべく、アメリカ疾病予防管理センター（CDC）、アメリカ国立プール財団（NSPF）とともに「プール内でのおしっこを防止するプログラム」を開始しており、プールの中に尿が含まれると健康を害することを周知させる教育キャンペーンを展開中とのこと。

全身運動である水泳は、健康を維持するためには極めて有益である。しかし、目を赤くした人ばかりが泳いでいるプールに入ることは避けた方が賢明だろう。

遊泳時にはゴーグル必携

脳波の活動が薬物中毒患者と類似

フェイスブックには コカインと同程度の依存性がある

2017年3月現在、全世界で19億4千万人のユーザー数(月間アクティブ利用者数。日本国内は2千700万人=16年12月時点)を誇る超巨大SNS、フェイスブック。いいね!が欲しくて、数時間ごとに書き込みや写真をアップするヘビーユーザーも少なくない。

こんな事情を背景に、16年2月、米カリフォルニア州立大学のオフィル・トゥレル教授が衝撃的な研究結果を発表した。フェイスブックを使用するとコカイン服用時と同じ領域が活性化する、つまり違法薬物と同等の依存性があるということが、脳波測定によってわかったのだ。

教授は、計20名の大学生を対象に、フェイスブックに関連する不安、離脱症状、葛藤など、自身の〝依存症的な〟症状を評価するアンケート調査を実施。同時に、コンピュータ画面に画像が表示されたら、ボタンを押してもらうという実験も行った。表示される画像には、無作為に選ばれた対照群となる画像のほか、ロゴやアイコンなど、フェイスブック関連のものが含まれており、その間ボタンを押すスピードと脳の活動が記録された。

結果、フェイスブック関連の画像が表示されると、扁桃体と線条体が活性化することが判明。この領域は強迫行為に関連があり、実験で見られた脳波パターンは、コカイン中毒患者に見られるものに似ているという。

また、カナダのオタワ市公共衛生センター所属の研究チームの調査によれば、フェイスブックなどのＳＮＳがリアルな人間関係に悪影響を与えるという分析も提起されている。同チームは12〜18歳の学生７００人を対象にアンケートを実施、ＳＮＳの使用時間と自分の精神的健康について質問した結果、６分の１が自身の精神的健康が良くないと回答、４分の１がうつ病や不安症状を見せたという。

フェイスブックは確かに便利で有用なコミュニケーションツールだ。が、ハマると確実に害をもたらすこともお忘れなく。

2017年３月現在、全世界のユーザー数は驚異の19億４千万人

職場のデスクで食事をする習慣は極めて不衛生
病原菌がうじゃうじゃ

会社で仕事が忙しいとき、自分の机でランチをとるのはよくあること。しかし、それがいかに健康上望ましくないか、自覚している人は少ない。

英国王立化学協会という学術組織の調査によると、オフィスのデスクで食事をすることは重大な健康上のリスクを招く可能性があるという。なぜなら、終業後のオフィスには病原菌をばらまくネズミが走り回っているとのこと。コンピュータのキーボードに残っている食べこぼしたクズをこのネズミたちが格好の餌としているのだ。実際、イギリスでは、あるオフィスで働いている女性が、デスクで食事をした覚えは無いのに、キーボードから植物の芽が出てきたという例があり、これもネズミ経由と考えられている。

また、オフィスの自分の席で食事をとることは、ストレス度合いを高め、ついつい食べ過ぎてしまうと考えられている。ストレスと過食との間に、密接な関係があるのは、よく指摘されていることだ。同様に、コンピュータ画面や資料を見ながら食べていると、どれだけの量を食べたか意識していないため過食につながる。

さらに、ずっと動かないことで、飛行機に長時間乗った際にかかりやすいエコノミークラス症候群に陥るリスクが2倍になるという報告もある。人は90分動かないと、ひざの後ろにある静脈への血流が50％低下、その血流悪化により、エコノミークラス症候群にかかりやすくなってしまうのだ

アメリカでは、オフィス環境が実は公衆トイレより汚いという衝撃的な調査もある。実際、会社のビルに清掃業者が入っていても、掃除をするのは床だけで机はノータッチなのが普通。オフィスのデスクでランチをとるのは、いろんな面で避けた方が良さそうだ。

終業後、キーボードに残った食べこぼしをネズミが漁っている

誰かから見られていることを意識すると、パフォーマンスが低下する研究結果も

不安を抱えていると、人は無意識に左へ曲がる

２０１６年１月、英ケント大学の研究チームが興味深い調査報告を発表した。人は心配事があると無意識に左に曲がりたくなるのだそうだ。

調査では、目標を見せてから、目隠しをした被験者にそこへ向かってまっすぐ歩くように指示。心配の度合いが高い人ほど左へ曲がってしまう傾向にあったことから、実験結果は、左右の脳は動機付けに関して異なる系統が存在することを示唆しているという。研究チームは、不安を抱える人は右脳が活発になりやすいと主張。結果、意識や注意は右脳と反対側である左側の空間に向きやすく、左側に曲がって歩く傾向があるというのだ。

この研究では、誰かから見られていると意識している人は、パフォーマンスが低下することも判明している。実験は、被験者にある決まった力で物をつかむよう指示し、その間の脳波を測定。他人から見られていたときに不安を感じた被験者は、無意識に物を強く握りしめていたそうだ。

脳波測定からは、見られていると感じている場合に、精密な感覚運動機能を司る下頭頂

小葉の活動が低下することが明らかとなった。この領域は後部上側頭溝と連携して、神経科学者たちが唱える行動観測ネットワークを形成する。行動観測ネットワークは〝メンタライゼーション〟という、表情や視線から他人の考えを推測するプロセスと関連している。サセックス大学の脳神経科学者によれば、そうした情報は後部上側頭溝から下頭頂小葉に送られ、適切な運動作用が生み出されるという。このとき、自分を見ている人から期待されていると感じる行為者はパフォーマンスが向上する。が、嫌なサインを感じ取ってしまうと、下頭頂小葉は活動が低下し、パフォーマンスも悪化する。したがって観衆が自分の味方であり、成功を期待していると信じ込むことが大切なのだという。

心配事がある人は右脳が活発になり、意識や注意は逆の左側に向くらしい

血液型による性格診断に科学的根拠ゼロ

「ブラッドタイプ・ハラスメント」に発展する危険性も

A型は几帳面、B型は気まぐれ、O型は大ざっぱ、AB型は個性的など、テレビやネット、雑誌では血液型による性格の特徴を紹介した番組や記事をよく見かける。日常でも「もしかして、O型?」「え、やっぱりわかる?」なんて会話がごくごく普通に交わされている。まるで、各血液型に固有の性格やキャラクターが存在するかのように。

血液型と性格の関係は、科学的に何の根拠もない。多くの研究者は「確実な証拠となるデータが無い」としてその関連を認めておらず、心理学的にも、2014年に実施された日本とアメリカにおける1万例以上の社会調査データから、血液型と性格に意味のある因果関係はないと証明されている。そもそも血液型分類が流行っているのは世界でも日本と韓国くらいで、欧米では何の興味も持たれていないのが実情だ。

日本で血液型による性格診断や、その相性分析がブームとなったのは1980年代から。テレビやレコード、CM、書籍などで血液型に関連した作品が次々と発表され、一気に世の中に広まった。例えば捏造が話題となったTV番組「発掘! あるある大事典」(フジテレビ系）では、04年2月からの1年間だけで、約70本もの血液型性格関連説に関する番組がオンエアされたというから、いかに世間の関心が高かったかがよくわかる。

そして今も広く浸透する血液型性格分類は、社会問題にまで発展している。血液型による偏見から、学校や職場などでイジメや不当な差別が起きているのだ。近年、このような血液型で人の性格を判断し、相手を不快や不安な状態にさせる言動は「ブラッドタイプ・ハラスメント」と呼ばれ、採用試験の応募用紙に血液型の記入欄を設けた企業が、労働局から改善の指導を受けた例もある。

話題には持ってこいの血液型が、気づかぬうちに人を傷つけている場合があることをお忘れなく。

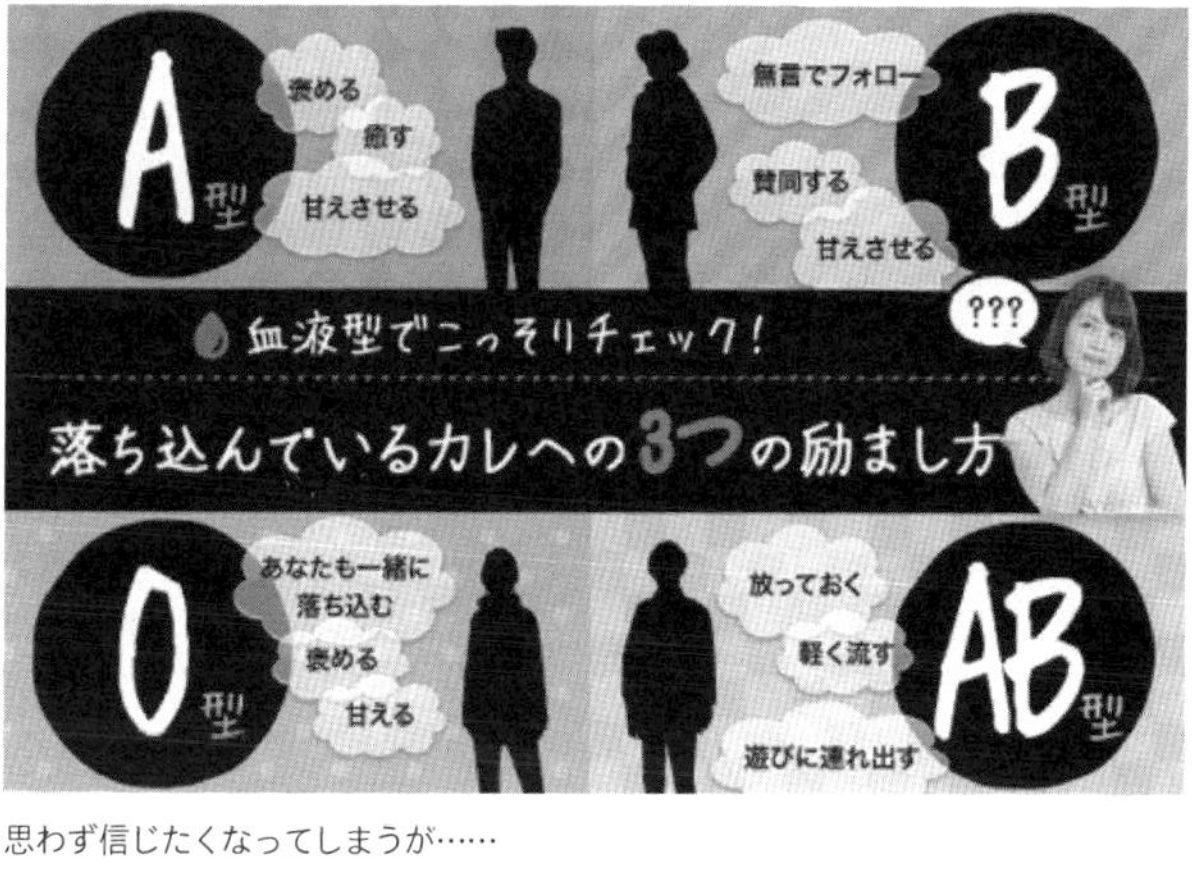

思わず信じたくなってしまうが……

自分の子孫を残すのに適切な相手かどうかを見極めるための情報収集
キスの本当の目的はバクテリアの交換

最近、若者の間で恋人とのキスを写真や動画で公開するのが流行っている。が、キスという行為には、そんないちゃいちゃムードを木っ端みじんにブチ壊す目的がある。実は、キスによって「バクテリア交換」をしていることが、ある研究で証明されたのだ。

キスを求めたくなる理由の有力な説は、「自分の子孫を残すのに適切な相手かどうかを見極めるため」というもの。要するに、相手の情報を収集。口内に存在するバクテリア（細菌）を交換し、相手が自分の持っていない免疫のバリアを持っているか、また健康状態や生理学的相性が合うかどうかがわかるという。免疫学的には「同じ免疫のバリア」を持っている者より、自分にないバリアを持つ個体と生殖する方が、子孫が生き残っていく可能性は何倍も高い。結果的に、自分のDNAを後世に残せることになる。

スロバキアのナタリア・カモドョヴァ博士の実験によれば、約10秒間のディープキスは約8千万個のバクテリアを交換するという。これによって相手が「生物学的」に適切かどうかを本能的に判断する「下調べ」が可能となるらしい。さらに、この下調べは見た目にも表れ、外見で好ましく感じるのは、自分の生理学的な難点をカバーするため、もしくは、平均的なバランスの良さを気に入ったということになるそうだ。

英グラスゴー大学の研究チームが、世界41ヶ国以上の人々の顔写真を収集し、その「平均顔」を作成した結果、合成された顔はいずれも美男・美女。しかも「特徴のない平均的な顔」になったという。これは良くも悪くも、DNAに偏りのない相手を好ましく思うように、人間の本能がプログラムされているかららしい。

ロマンチックなイメージにはほど遠いキスの目的。ちょっと萎える真実ではある。

10秒間のディープキス（唾液交換）で
約８千万個の細菌が

健康に大きく関連する体脂肪率、筋肉量を無視した数値
BMIは、あまり信用できない

最近の体重計に機能として付いている、肥満度を表すBMI（ボディ・マス・インデックス：肥満度指数）。これは体重と身長の関係から算出される肥満度を表す体格指数のことで、その計算式は、体重キログラム÷身長センチの2乗。基準値は18・5〜24・9、25以上は過体重、30以上が肥満とされる。

BMIは健康のバロメーターとして長年利用されてきたが、果たしてこの数値を信用して良いのだろうか。そもそもBMIは身長と体重のみで算出されており、病気に大いに関連のある体脂肪率や、代謝に関係する筋肉量は無視されている。特に筋肉は脂肪より重いため、アスリートや筋肉質の人ほどBMI法では肥満と認識されてしまう。が、実際には筋肉量が多いほど体脂肪が燃焼されるため、血管内を詰まらせる血糖値や悪玉コレステロールは少ない場合もある。逆に、BMIの最も正常な数値とされる「22」前後の人でも病にかかるケースも多い。

2015年7月、米ニューヨークのボディ研究所が、身長約175センチ、体重78キロ、

BMIはいずれも25・4の男性6人を調査したところ、人によって体型は様々で、特に腹部、背中、足の裏の差が大きいことが判明した。前記のとおり、BMIが身体の重量構成や配分を無視しているため、健康レベルや体型を適切に表せないのだ。

痩せ型の人が肥満とされることはないだろうが、ギリギリのラインにいる人なら、簡単に誤って診断されうるし、平均的なBMIであっても、体重が重いということもある。これは心疾患や糖尿病など、健康リスクの予測因子だ。

BMIの数値を健康のバロメーターとして鵜呑みにすることなかれ。現在では、多くの栄養学者が、体脂肪率と身体組成の方がBMIよりも優れた健康指標だと指摘しているという。

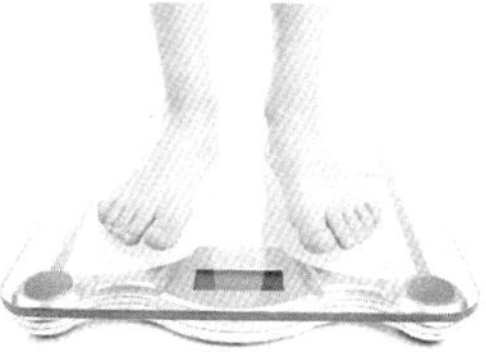

BMIの算出法では筋肉量の多い人ほど肥満と認識されてしまう

除雪に最適な朝6時〜10時が最も危険

雪かきと心臓発作の深刻で密なる関係

毎年大寒波に襲われるアメリカで、雪かき作業中に年間数百人の死者が出ているのをご存じだろうか。2016年1月には、たった一晩だけで6人が死亡。その中には突然、作業中に倒れて息を引き取ったという人もいる。

内閣府と国土交通省のとりまとめによると、雪かき中での死因は、1位が屋根からの転落、2位が屋根からの落雪、3位が水路への転落。と、ここまでは想像がつくが、この次に心臓発作がくることはあまり知られていない。

雪かきは腕を使う作業のため、足の作業よりも負担が重く、労働としては過酷だ。湿って重たい雪を動かそうとして体に力を入れると、心拍数と血圧の上昇に拍車がかかる。

雪は、夜気温が下がっている間に降り続け、朝起きて気がついてみると、想像以上に積もっているというケースが多い。自宅を出るため、道を確保するため、一晩かけて屋根に降り積もった雪を除去するため。ケースは様々だが、大半の人が朝の早いうちに除雪作業に取りかかる。時間帯で言えば午前6時から10時くらいまで。しかし、人体にとって24時間の日周変動で言うと、ちょうどこの時間帯が心臓発作が起こりやすいのだ。

　また、雪かきで疲れたときの一服にとタバコを吸ったりすると、これがまた相当危ない。朝、起きたばかりの交感神経が不安定な状態で、さらには寒い野外での肉体労働。そこで喫煙したら、突然、胸痛発作に襲われても何ら不思議ではない。

　雪に慣れていない素人が運動になるからという理由で除雪するのはリスクが高い。また、専門家によれば、55歳以上の人も雪かきはなるべく避けるべきだという。

雪に慣れていない高齢者が張り切るのが最も危ない

精神分析学の創始者フロイトが発見した「錯誤行為」

言い間違いは、人の本音が隠されている。

こんな話がある。1人の男性が葬式に出席した。遺族にお辞儀をして一言。

「このたびはおめでとうございます」

当然ながら、瞬間、場が凍り付き、男性は慌てて「このたびはご愁傷様です」と言い直した。単なる言い間違いでは済まないミス。なぜ男性はこんな失礼な言葉を口にしてしまったのか。深層心理学の観点から考えると、男性は心の底で故人のことを嫌っていた、死んで嬉しかったという感情があり、思わず本音を言ってしまったと解釈される。

精神分析学の創始者であるフロイト（1856年生まれ）は、言い間違いを「錯誤行為」と呼び、そこに人間の深層心理が在ると述べている。フロイトがこのことを発見したのは、ある会議の場でのこと。司会者が「これから開会します」と言うべきところを「これから閉会します」と言ってしまった。司会者はすぐに発言を訂正し、会議も無事に終わったが、終了後、フロイトはこの言い間違いに注目し、司会者に問いただした。司会者は白状する。

「実は私、今日は早く帰りたかったんですよ、それでつい…」

これを聞いたフロイトは大喜びだったそうだ。

そして、こう結論づけた。人間の言い間違いには、無意識の願望が表れている、と。フロイトは、こうした無意識の願望が表れるのは「忘れ物」や「行動の間違い」など、人間のふとした行動にも当てはまると考えた。

例えば、会社勤めのサラリーマンが電車の中で重要な取引書類を置き忘れるという致命的なミスを冒した。これも実は、彼の中に「この取引はうまくいってほしくない。どうせ俺がやっても話がまとまるわけがない」という気持ちがあり、無意識に行動に表れたと考えられる。

彼氏彼女がいるのに、無意識に別の異性の名前を口にした経験のある人。それがあなたの本音、心の中はバレバレです。

新郎新婦のなれそめの「共通の趣味を通じて」は出会い系サイトで知り合った可能性大

合コンは「知人に誘われた食事会」、ナンパは「運命の出会い」

「大学時代、同じテニスサークルに所属されたのがきっかけで…」

結婚式の披露宴でお馴染み、新郎新婦のなれそめ。2人が知り合ったきっかけを親戚や職場の同僚、友人などに司会者が紹介するのだが、それを鵜呑みにしてはいけない。昨今、ネットや合コンなど出会いの機会が広がったぶん、直接のきっかけを伝えると世間体がよろしくないケースが少なくないのだ。

例えば、出会い系サイトで知り合った場合、交際時点でも周囲にそのまま話すのははばかられるという人も少なくないだろう。これが結婚式となるとなおさら。絶対に隠しておきたいのが本音だろう。そこで、最近の披露宴では、新郎新婦のなれそめに事情がある際、司会者がオブラートに包んだ言い換えが施される。

●フェイスブックやインスタグラム、ツイッターなどのSNSや出会い系サイト、オンラインゲームなどネットを介して知り合った↓「共通の趣味を通じて」

●合コンがきっかけ↓「知人に誘われていったお食事会」もしくは「知人の紹介」

●ナンパ→「運命の出会い」「新郎が新婦に一目惚れして思わず声をかけたのがきっかけ」
●婚活パーティ、街コン、相席屋→「イベントを通じて」「異業種交流会で」

学生の頃の同級生や職場での同僚と結婚する人が大半だったのは昔の時代。ただ、ネットの出会いなどに偏見を抱く人が多いのも事実。柔らかく言い換えたら印象もぐっと変わってくるというわけだが、逆に言えば、なれそめにこうしたフレーズが使われたら、新郎新婦に知られたくない出会いの事情がある可能性が少なくないということ。今後、披露宴に参加する際、着目してみるのも面白いだろう。

最近は、なれそめを紹介しないケースも多いらしいが…

月の引力が精神や肉体に影響を
事件・事故は満月の夜に多発する

地上を煌々《こうこう》と照らし、夜道に真円を描く大きな月――。そんな満月の夜には、犯罪、事故、自殺などが普通の夜より多くなるという。

都市伝説ではない。アメリカの医学博士アーノルド・L・リーバー氏によれば、月には人間の身体や精神に影響を及ぼす大きな力が存在し、強姦、ひったくり、暴行、強盗、窃盗、自動車泥棒、家庭内暴力、酒乱などの頻度は、満月の夜に増加する傾向があるらしい。

交通死亡事故と月齢に関しては、日本でも、兵庫県警察本部交通企画事故統計係に勤務していた黒木月光氏が、全国の人身事故約580万件、死亡事故約9万5千件のデータに基づき調査を行い、「暴走型」による死亡事故は満月と新月に多発、「うっかり型」の死亡者を出さないような人身事故は上弦・下弦の月のときに集中していることを明らかにしている。

月齢によって、なぜこのようなことが起きるのか。リーバー博士はこれを「バイオタイド（生物的な潮汐）」という考え方で説いている。80％の水分と20％の陸でできている地球が、月の引力によって満潮や干潮といった影響を受けるように、約3分の2が水分である人体もまた月の影響を受けているのではないか、というものだ。

人は水を飲んで水分補給をする一方、排泄を行う。このバランスが乱れ、もし短時間でも排泄がストップしたら、体内に水分が溜まってしまう。と、組織に過剰な負担がかかってしまう。と、一時的ではあっても人格が変わることさえあるという。つまり、月の引力によって体内の水分のバランスが乱れることで、精神や肉体に様々な影響が及ぶというわけだ。

満月の夜は、できるだけ大人しくしていた方が賢明かもしれない。

満月の夜には出生率が高くなり、出血量も増えるそうだ

父親の25人に1人が他人の子供を我が子と信じて育てている

原因の大半は妻の浮気

2013年公開の映画「そして父になる」は、新生児の取り違えにより、赤の他人の子供を育てていた2組の夫婦を巡る悲劇と再生の物語だ。映画では、DNA鑑定で血縁関係の有無が判明するが、現実社会においては、真実を知らずにずっと他人の子供を育てているケースもあるようだ。

2005年、英リバプールのジョン・ムーア大学の研究グループが、過去54年にわたる生物学的に父親では無いケースに関する多数の研究や発行物を調査した結果を発表した。調査の対象になったのは世界各国の研究で、アメリカ、フィンランド、ニュージーランド、南アフリカ、メキシコと多地域にわたる。

結果、ある場所では100人に1人、ある場所では10人に3人と地域によって大きな差が出たが、平均はおよそ4%。つまり、25人に1人の父親が、我が子と信じて他人の子供を育てているのだ。

研究グループによれば、この現象は、人工授精で精子の混合という間違えは当然として、多くの場合は女性が結婚相手以外の男性と性交渉をしたせいだという。ちなみに、イギリスでは結婚しているか、恋人と長い間同棲している女性のうち20%が浮気をしたことがあり、他の先進国でもおおよそ同じような傾向があるらしい。

愛した女性と結婚し、子供を授かる。が、妻が秘かに別の男性と関係を持ち妊娠、出産すれば、血液型の不一致でも無い限り、夫には疑う術も無い。自分の子供が本当に我が子かどうか。万が一の悲劇が、あなたに降りかからない保証は無い。

いま育てている子供が、間違いなく我が子と言い切れるだろうか

日本の殺人事件の半数は、親の子殺しか心中

法務省が毎年公表している「犯罪白書」によれば、日本における殺人事件の年間発生件数は、ここ20年、約1千200件で推移しているらしい。動機は金目的、怨恨などを想像しがちだが、実は日本の殺人事件の半数は、親の子殺しや、道連れ心中など身内の問題で占められているそうだ。この数字は作家の日垣隆氏が著書『そして殺人者は野に放たれる』の中で示しているもので、同氏は法務省にも確認済みらしい。

子殺しとは、子供への過剰な虐待、育児放棄の果ての死の他、生活苦から我が子を殺める「間引き」も含まれる。心中は、言うまでもなく、自分の事情だけで家族を巻き込み、死を選ぶこと。これも立派な殺人に数えられる。いずれにせよ、その背景に、日本が抱える格差社会、貧困などの問題があることは間違いない。

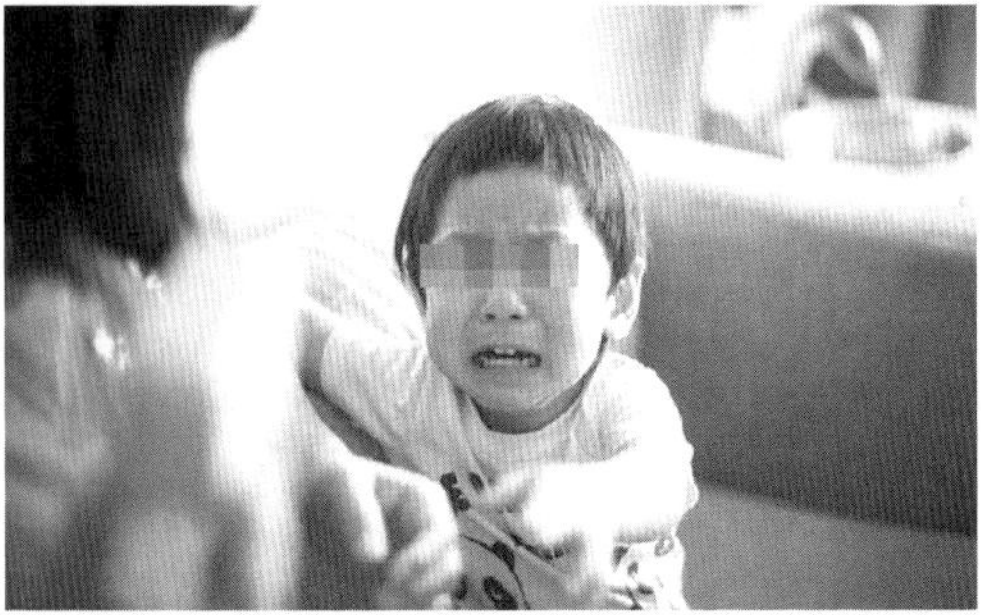

虐待、育児放棄の果てに命を落とす子供も少なくない

かき氷のシロップは全て同じ味

夏の定番のおやつ「かき氷」。メロンやレモン、イチゴなどシロップは様々あるが、種類は違えど全て同じ味付けという事実をご存じだろうか。

スーパーなどで見かけるかき氷シロップの多くは、一般に果汁を使用していない。シロップの原料はイチゴ味でもメロン味でもブルーハワイ味でも「果糖ぶどう糖液糖、砂糖、食塩、香料、酸味料、着色料」で、違いは着色料と香料の2種類だけだ。では、同じ原料なのに、なぜ違う味に感じるのか。これは単に脳が錯覚を起こしているだけ。「見た目」(視覚)と「匂い」(嗅覚)により、メロンの色と香りさえあれば脳が勝手にメロン味と認識してしまうのだ。よって、目隠しをして、鼻をつまんだ状態でかき氷を食べたら、イチゴもメロンも、全て同じ味に感じてしまうことだろう。

見た目と匂いで脳が錯覚しているだけ

「ご冥福をお祈り申し上げます」は「地獄に落ちろ」級の侮辱フレーズ

冠婚葬祭での挨拶は、大人のマナーとして誰しも身に付けておきたいもの。では、知り合いが亡くなり葬儀に参列した際、あなたは遺族にどんな言葉をかけるだろう。ここで、間違っても「ご冥福をお祈り申し上げます」などと言ってはいけない。このフレーズの意味するところは、故人に「地獄に落ちろ」と侮辱しているにも等しいのだ。

「冥福」は「冥土で幸福になる」という意味だが、「冥土」とは亡者が彷徨う場所。仏教の中でも浄土真宗の場合、死後は極楽浄土に行くと考えるため、「冥福を祈ります」は「故人は極楽浄土に行けず、冥界に行った」と取られかねない。故人の宗教が浄土真宗、キリスト教、神道の場合、「冥福」という用語は使わず、「追悼の意を表します」「安らかなご永眠をお祈りします」などと表現するのが正解だ。

故人への思いを込めて口にした言葉が、実は「あいつ、天国に行けてないよ」と解釈される場合も

「自然死」を迎えられるのは、たったの4%

人間、誰しも最期は苦しまずに死にたいと願っている。できれば、自然のまま死を迎える「老衰」（他に死因となりうる疾患が見つからず、生理的な老化によって死亡したもの）が理想だろう。しかし、厚生労働省が公表する簡易生命表という統計データによれば、眠るような自然死で人生を終えられるのは、たったの4％。それ以外の96％は体のどこかに異状をきたし、それが原因で亡くなっている。

ちなみに、65歳以上の死因のトップ5は、ガン、心疾患、脳血管疾患、肺炎、不慮の事故。どれだけ健康に気を遣っていても、老衰で死ぬより交通事故などに遭い突然あの世行きとなる確率の方が断然多いのだ。天寿を全うするのは相当難しい。

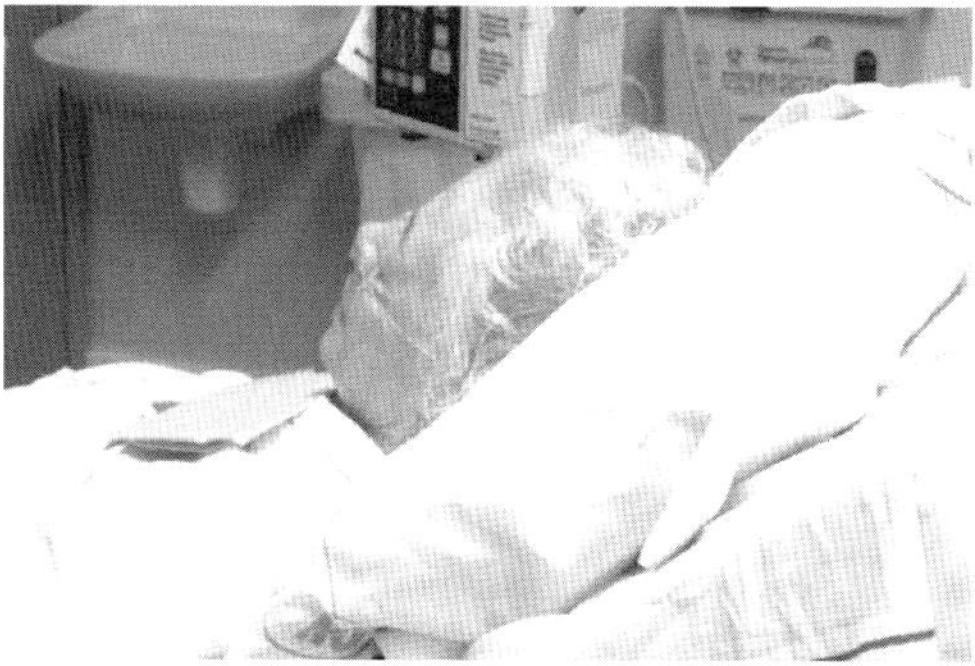

老衰による死は女性の方が多い

セックスの最中、女性の約半数が別の男性を妄想している

2015年6月、英紙『デイリー・ミラー』が「46％の女性と42％の男性が、セックスの最中に相手とは別の異性を妄想している」という記事を掲載した。しかも、女性の場合、妄想相手は勤め先の同僚というのだから驚く。これは、イギリスで有名な大人のおもちゃメーカー「ラブ・ハニー社」が、男女1千300人を対象に行った性行動に関する調査結果によるもの。前記の質問以外にも、「セックスの最中に、別の異性を妄想することは罪ではない？」に女性60％、男性66％がイエス。「職場の気になる異性と、性的関係を結んだ経験がある」に対して、女性26％、男性22％。「上司とのセックスを夢想した経験があるか？」は、女性の20％、男性11％がイエス。「その夢想を、実際に行動に移した経験があるか？」には女性8％、男性2％がイエスと返答した。

この記事を読んでるあなた、もちろん心当たりありますよね？

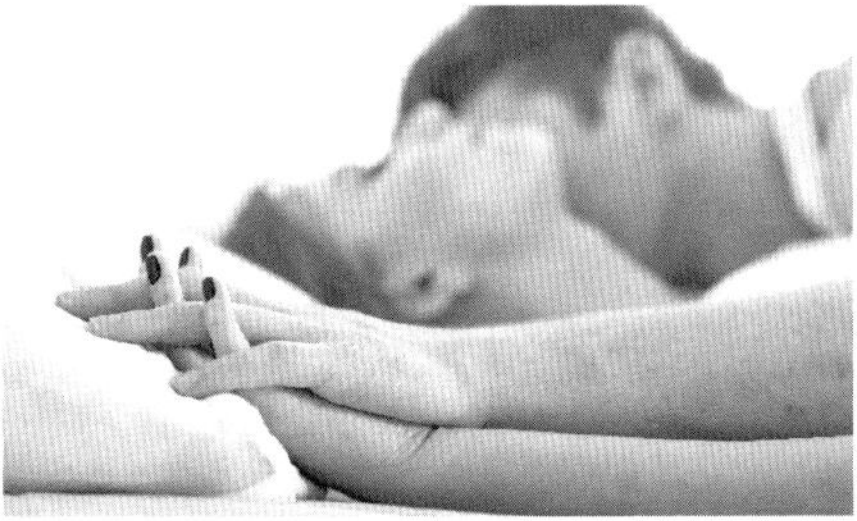

思い浮かべる相手で多いのは勤め先の同僚らしい

洋式トイレは便秘になりやすい

便秘で悩んでいる人は多い。が、この原因に洋式トイレが関係していることはご存じだろうか。言うまでもなく、洋式トイレは西洋から入ってきたもの。基本、西洋人の腸に合ったもので、日本人の腸の形に合わない。

日本人と西洋人の直腸の形を比べると、座った状態だと西洋人は上から下へまっすぐ伸び、一方日本人は、肛門の直前で曲がっていることが多い。体を左側面から見ると、直腸がちょうど「く」の字の形に曲がっている。和式トイレの場合、かがむことでお腹に力が入る形になり、「く」の字だった部分が真っ直ぐとなって、便が引っかかることなく排出される。逆に、日本人が洋式トイレに座ると、曲がった部分に便が引っかかり、なかなか出てこないのだ。

と、日本人の便秘のメカニズムを説明したところで、世の中のトイレは洋式ばかり。困った……。

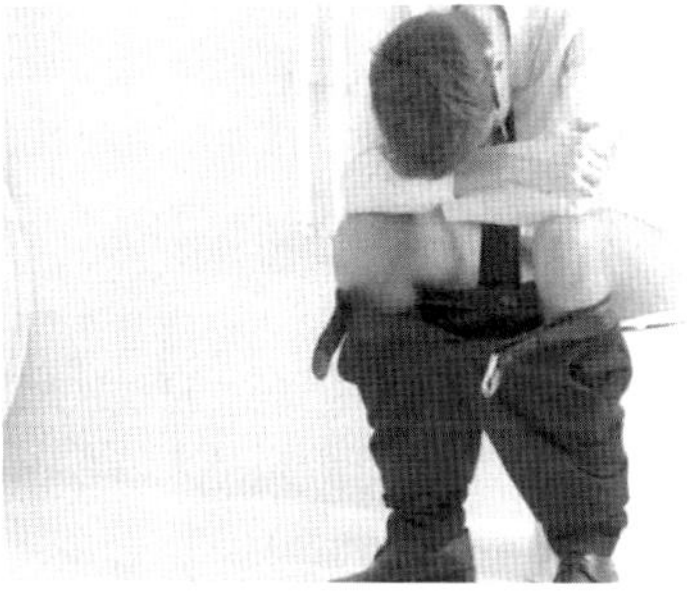

本来、日本人の腸には向いていない

年間200～300人が「オナニー死」している

2010年9月、宮城県在住の男子高校生が、上半身のみ衣類を着用した状態で死亡しているのが生徒自身の部屋で発見された。宮城県立病院の診断によると、精巣内から過度の精子が分泌され、脳波が興奮状態に陥った際に心肺停止に陥ったらしい。司法解剖の結果、当日、この高校生は数十回にも及ぶ自慰行為をし、性ホルモンの過剰分泌が原因で急死したという。

あまり聞きなれない「オナニー死」だが、東京23区だけでも1年間に20～30例、全国で200～300例はあると推測されている。特に危ないのは、大量の飲酒後のマスターベーションで、飲酒によって血圧が上昇するうえに、オナニーでさらに血圧や心拍数が上昇するため、脳出血などの危険が伴うのだという。また、紐や手錠等で自身を縛って行う自縄オナニーには窒息死の危険が。女性は膣内に色々なものを詰めすぎて血圧が急変し、くも膜下出血を起こすケースもあるという。ちなみに、医学では性ホルモンの過剰分泌によって起こる症状を総称して「テクノブレイク」と言われている。

［第2章］

知らなきゃよかった！怖い社会

男性が被害届を出さず、事件化してないだけ
ストーカーの半分は女性

21歳の女子大生が元交際相手の男性に散々付きまといと嫌がらせを受けた挙げ句殺害され、規制法成立のきっかけとなった桶川ストーカー殺人事件（1999年4月発生）から、最近では、芸能活動を行っていた20歳の女子大生が、ファンを自称する27歳の男にツイッターなどSNS上でストーカー行為を繰り返された後、ライブハウス前にてナイフで刺され重体に陥った小金井市女子大生ストーカー刺傷事件（2016年5月発生）まで、ストーキングを巡る凶悪事件が毎年のようにニュースを賑わしている。

しかし、殺人や傷害にまで発展する事例はごく僅か。そもそも、ストーカーとは、相手の気持ちを考慮せずに一方的に付きまとったり、あらゆる方法でしつこく自分の存在を相手に知らしめようとする行為のことで、大半が異常な数のメールを送ったり、ターゲットを尾行するなど、報道されない些細な内容だ。

警察庁の発表によれば、15年度のストーカー事案の発生件数は約2万2千件。加害者は86％が男性、11％が女性、残り3％が性別不明である。男性ストーカーの方が圧倒的に多

いことは、世間のイメージどおりだろう。が、この数字が実態を指し示しているかどうかは疑問が残る。

12年11月に起こった逗子ストーカー殺人事件で、被害女性から相談を受けていたＮＰＯ法人「ヒューマニティ」の代表で、これまでに５００人以上の〝ストーカー加害者〟と対峙してきた小早川明子氏によれば、ストーカーの半分は意外にも女性らしい。これは、よほどのことが無い限り、男性側が警察に被害届けを出さないからだという。

女性ストーカーは凶悪な事件を起こすことは少ないが、粘着性がとても強く、過剰なまでにしつこいのが特徴。事件化してないだけで、実際には多くの男性が被害に遭っているようだ。

女性ストーカーは過剰なまでにしつこいのが特徴。付け狙う相手が、同じ女性というケースも少なくないという

人間同士の性交渉は原始的、野蛮とみなされる!?
50年後、ロボットとのセックスが当たり前の世の中に

2013年、「her/世界でひとつの彼女」という映画が公開された。妻と別れて悲観にくれる主人公の男性が、女性の人格を持ったロボット（OS）と恋に落ちるSF恋愛映画である。本作の舞台は近未来のロサンゼルスだが、12年制作のスウェーデンのドラマ「リアル・ヒューマンズ」は、現代のロボットを人間に匹敵し得る存在として描き、大きな話題を呼んだ。劇中で〝ヒューボット〟なる人型ロボットが登場、その所有者たちは彼らを従順なハイテク商品とみなし、使用人として、労働者として、セックスの相手として、また亡くなった家族の身代わりとして活用するという衝撃的な内容だ。

あくまでフィクション、あり得ない世界と片付けるのは早計である。英・サンダーランド大学の心理学者ヘレン・ドリスコル博士が2015年8月4日付け「デイリー・ミラー」電子版に寄せたコラムによれば、「50年後にはロボットとの会話はもちろん、性行為も普通になり、生身の男女の肉体関係は〝原始的〟〝野蛮〟と呼ばれるようになるかもしれない」というのだ。

博士は、次の3つのポイントを挙げて、持論を具体的に解説する。

●この100年間のセックス事情の劇的な変化からして、今後も急激な変化が予想され、ロボットとのセックスが普及しても不思議ではない。

●現代の世の中で、小説やマンガ、アニメなどのキャラクターに惑溺する人は多く、精巧に作られたロボットに好意を持つようになる素地は、現在の我々には十分にある。

●オンラインで過ごす時間がどんどん長くなっている現代、そのうちオンラインの方が〝現実〟になるという逆転現象が起こる。そのため、オンライン上の人工知能やロボットとの関係にも現実味が増してくる。

人間同士のセックスより、ロボットとの性交渉の方がメジャー。そんなことが現実になる日が本当にやってくるのだろうか？

米国のベンチャー企業トゥルーコンパニオン社が開発した世界発のAI搭載リアルドール「ロキシー」。人工合成皮膚の肌を持ち、対話も可能。「大胆で社交的」「恥ずかしがり屋」といった性格も、自在に選ぶことができるそうだ。値段は約103万円

1日37人の指名手配犯が新宿駅を利用している

「新宿駅」は、1日平均約347万人の乗降者数を誇る（2016年現在）、ギネス記録にも認定された世界で最も利用者数の多い巨大ターミナル駅だ。地下道などで接続する西武新宿駅、新宿西口駅まで含めると約371万人となり、この数字は横浜市の人口に匹敵する。そんな新宿駅に一つの怖い噂がある。1日37人もの指名手配犯が駅を利用しているというのだ。これは2012年当時のデータだが、逃走中の指名手配犯は1200人以上。日本の総人口と比較した場合、約10万人に1人という計算が成り立ち、この数字をそのまま新宿駅の利用者数に当てはめ1日平均の値を算出すると、37人という答がはじき出されるのだ。普段、新宿駅を利用する人は、すぐそばに凶悪な逃亡犯がいるかもしれないことをお忘れなく。

新宿駅の1日平均利用者数は約347万人で世界一

西暦3000年、日本の人口はたったの1千人

２０１６年10月１日現在、日本の総人口は約１億２千７００万人。２０１１年に初めて前年度の人口を割り、以降５年連続減少している。原因は深刻な少子高齢化である。このままの傾向が続けば、50年には１億人を割り込み９千７０８万人、その後もさらに減少を続け60年には９千万人を切り、21世紀末時点で現在の半分の約６千万人と推察されている。この数値は大正時代が終わる１９２５年とほぼ同程度の人口である。そして、国立社会保障・人口問題研究所は、14年の出生率・死亡率が続いた場合、西暦３０００年で日本の人口は１千人になると予測。また、東北大学の研究チームが作成した報告書によれば、３０１１年に最後の新生児が産まれ、その数世代後に、日本人は事実上絶滅してしまうそうだ。その真偽を確かめる術は無いが、人口減少に歯止めがきかないことだけは間違いない。

遠い将来、日本人は絶滅する!?

肉眼では判別できない人の素性を明らかに

近い将来、顔面の解析だけでテロリストや小児性愛者が特定可能に

2016年5月、イスラエルの企業が人の顔を解析することで、肉眼では判別できない人となりを割り出す技術を開発した。治安維持を担う当局とすでに契約を交わしたフェイスプション社によれば、15種の分類指標を用いたこの技術は、テロリストの判別の他、凄腕ポーカープレーヤー、外交的な人間、小児愛者、天才、ホワイトカラー層の犯罪者などを特定できるという。

果たして、こんなことが可能なのか。犯罪を犯すかどうか顔を見ただけで判別できるとは到底信じがたいし、仮にそれができたとして、その人物を逮捕して良いのだろうか。

こうした疑問に対し、同社は問題となりそうな特質が予測されたとしても、それが一般に公開されることは無く、危険人物の判別には判定結果以外にも情報を集めるよう政府に促しているという。

ちなみに、同社では、その技術をあるポーカー大会に応用して優勝候補の予測を試みている。ゲーム開始前に50人のアマチュアプレーヤーの顔を解析、その中の4人を優勝候補

に判定したところ、そのうち2名が、3人いた決勝戦進出者に含まれていたそうだ。解析は、参加者50人の顔写真をプロのポーカープレーヤーのデータと比較することで行われたという。

現在、人工知能を利用して種々様々な解析結果を導こうと挑戦が行われている。スペインの研究者はサーモグラフィックカメラを利用して、ある人物が恋をしているか客観的に判別するシステムを開発したそうだ。「顔に書いてある」というフレーズは、もはや比喩ではない。監視カメラに映った顔を見て、こいつは欲求不満だとか高卒だとか、誰かに分析されてプライバシーがダダ漏れになる社会が近いうちにやってくる可能性は低くない。

顔だけで犯罪者が判明……

現在、空港の入国審査などでも顔の認証は行われている

ロシアでは、毎年100人以上がつららで死亡している

責任は除去を怠った自治体にあり

雪国、寒冷地ではおなじみのつらら。長く透明な氷の柱は見ようによっては綺麗とも言えるが、実はこれが実に危険な凶器であることをご存じだろうか。数メートルの高さから先の尖ったものが落下し、運悪くそこにいればグサッと刺さり、重量のあるものは岩石さながら、頭に当たれば死亡事故にもつながる。

全世界で最もつららによる死亡事故が多いのはロシアで、なんと年間100人以上もの死者が出ているという。2013年4月、ロシア南西部カルーガ州で、落下したつららが軒下にいた8歳の少女に直撃、死亡するという事故が発生した。事故が発生したこの家には、今回のように重量のある、あるいは刃物のような鋭さのあるつららが発生した場合には、家屋の管理会社が責任を持って除去しなければならないという法律があった。よってこの事故は、法律を守らずつらら除去を怠っていたことが原因であるとして、警察は管理会社の責任者を逮捕している。

ロシアの中でも、無差別殺人兵器として恐れられているのが、サンクトペテルブルクの

つららだ。ここでは、落下してきたつららが乳児の手に刺さったり、子供の背中を直撃し脊椎を損傷させたりと、毎年数名の死者と数百人の負傷者を出しているという。事故はすべて自治体の責任とされ、10年12月、建物に付いたつららの除去作業中、その重さに下にあった信号機が一瞬のうちに破壊されてしまった一件では、11名の市職員がクビになったそうだ。

雪国でつららの下を歩くときは要注意。いつ何時落ちてきて直撃を食らうかもしれない。

ロシア・サンクトペテルブルクで撮影された、つららの除去作業をとらえた画像。無差別殺人兵器と呼ばれるだけあって、その破壊力は凄まじい

同性同士でも、1人でも、子供の親になれる

将来、256人の親を持つ「IVGチルドレン」が誕生する

2015年12月、アメリカの科学雑誌『Journal of Law and the Biosciences』が衝撃的な記事を掲載した。近い将来、男女関係なく精子も卵子も作れるようになり、場合によっては256人の親を持つ子供「IVGチルドレン」が誕生する可能性があるというのだ。

人間界では通常、男性が精子を、女性が卵子を形成。これが合体し新しい生命が生まれる。しかし、配偶子を体外で形成できれば、男性の体細胞からでも卵子を、女性の体細胞からでも精子を作ることが可能となる。この「体外配偶子形成」=IVGはすでにマウスでは成功しており、人間においても15年7月、京都大学の研究チームが、iPS細胞から配偶子の元となる「始原生殖細胞」の作成に成功するなど、その前段階まで到達している。

これが成功すれば、同性同士でも子供を望めるどころか、1人の人間からでも精子と卵子さえ作れれば、子供の親になれてしまう。

逆に、親の人数を増やすことも可能だ。例えば2人の人間からそれぞれ得られた配偶子を利用して受精卵を作成した後に、その受精卵からさらに配偶子を作れば、4人の親を持

つ子供が誕生する。仮にこれを3回繰り返せば256人（4の四乗）、さらに4回繰り返せば、なんと6万5千536人もの親が誕生する異常事態となってしまう。

子供を持つことが、現在の、「2人の両性によるもの」という固定概念が無くなった世界では、家族の概念もなくなってしまう。果たして、大人数の親が1人の子供を育てるのは是か非か。いずれにしろ、全員が現在の親子関係のような濃密な関係を持つことは不可能で、親になる人数が増えるに連れ、親子間の社会的なつながりが希薄になることは避けらない。多親制は今でいう親子を作るのではなく、部族のような大家族を誕生させると予測されている。

男性同士でも、自分たちの細胞を受け継ぐ子供を持つことが可能に…

本当の死因は自殺、エイズ、愛人宅での心臓発作……

ニュースが報じる「心不全による死」は秘密が多い

「心不全によりお亡くなりになりました」

ニュースの訃報でよく使われる文言である。心不全。言葉どおり心臓が停止することだ。しかし、考えてみれば、人間、死ぬときは誰でも必ず心臓が止まる。肺炎だろうが、肝硬変だろうが、とどのつまりは「心不全」によって死に至るのだ。

では、なぜ直接の死因を言わず、「心不全」とするのか。ここには、遺族側の世間体が隠されているケースが少なくない。

まず、前提として、遺族はマスコミに死因を明かす義務はない。例えば、家族ががんで死亡したとしても、それを知られたくなければ遺族は役所には公表を控えるように要請、訃報取材を受けたら、メディアにその旨を告げる場合が多い。

自殺、エイズ、愛人宅での心臓発作、トラブルや事件に巻き込まれての死亡。こうした場合も、遺族は極力、死因を公にしたくない。そこで公式発表は「心不全」。何か怪しいと嗅ぎ付けるメディアも中にはあるだろうが、特にニュース性がなければ深追いはしないものだ。

このように、ＴＶニュースや新聞など大手メディアが使う文言には、裏に知られざる事実が隠されているケースが多い。例えば、火事などで人が死亡した場合に使われる「幼い兄弟が折り重なるように死んでいた」は、一方がもう一方の体の一部、あるいは衣服を摑んだ状態で死んでいた状態を指す。また、行方不明者が見つかった場合の「無事保護されました」は何の問題もなく発見されたことを意味するが、単に「保護されました」は、ケガや疾患など、何かしら問題があった状態で見つかったことを指す。

訃報や、事件や事故のニュースの表現には、とかく裏があることを知っておくべし。

ニュースや新聞報道では、遺族側の感情や世間体を配慮した表現がなされるケースも

江戸時代まで同性愛はごく普通だった

美少年をめぐって武士同士の仇討ちが頻発！

２０１５年11月、東京都渋谷区が全国で初めて同性のカップルを結婚に相当する「パートナーシップ」と認める証明書の交付を開始した。日本においても、同性愛は徐々に社会に理解され始めているように思える。が、実際のところ同性愛に対する社会の目はおおむね否定的で、彼らは自らの性をまだまだオープンにしづらいのが現状だ。

ところで、江戸時代まで同性愛はごく普通だったことをご存じだろうか。日本における男性の同性愛は男色と呼ばれるが、平安時代に僧侶や公家の間で流行したものが鎌倉時代には武士にも広がり、室町時代には武士の習慣となっていた。さらに戦国時代には多数の武将が男色を行っており、興味が無かったのは豊臣秀吉くらいだったと言われている。当然ながら、世間的にも男色は倫理的に問題がある行為とはみなされず、彼らが己の性を特に隠したりするようなこともなかった。

江戸時代に入ってから武士の男色は「衆道」と呼ばれ、年長者の「念者」と年少者の「若衆」という区別ができる。若衆の多くは美しい少年で、驚きなのは、江戸時代の仇討ちで一番多かったのが、この美少年をめぐるトラブルだったという事実だ。君主への忠誠より男色相手との関係が重視され、刃傷沙汰に発展するケースも少なくなかったという。が、こうした事態が頻発したことで、男色は風紀を乱すものとして徐々に問題視されるようになる。江戸幕府でも享保の改革・寛政の改革・天保の改革などで徹底的な風俗の取り締まりが行われ、幕末には、一部の地域や大名クラスを除いては、しだいに公然とは行われなくなっていったそうだ。

果たして、こうした時代が良かったのかどうかは判断しかねるが、いずれにしろ、同性愛者の差別が根強い現代とは全く異なった社会だったことは間違いない。

戦国時代のスーパースター上杉謙信は、常に美少年をはべらせていたらしい

衆道が盛んだった薩摩出身の西郷隆盛は、肉体関係のあった僧侶と入水自殺を図ろうとしたと言われている

事故物件は、誰かが一度住めば告知の義務無し

あなたの住む部屋でも自殺があったかもしれない

２０１６年4月、ヤフーオークションに千葉市内の住宅が破格の値段で出品され、大きな話題を呼んだ。閑静な場所に建つ、延べ床面積が３０８・１平米、10ＬＤＬの豪邸。新築の際の販売価格は軽く１億円を超えていたこの物件が、なんと見積価額７５６万円で売りに出されたのだ。

当然ながら事情がある。実はこの家では、14年1月、持ち主の男性が殺害され、犯人は未だ捕まっていない。売り主の千葉市は「殺人事件が発生した物件です」という説明書きを付けオークションに出品、結果、１千１１１万１千１００円で落札されたという。

自殺や他殺、火災による焼死、不審死、事故死など、人の死亡にかかわる事件があった建物を、俗に「事故物件」「ワケあり物件」などと呼ぶ。価格は周囲の3割〜5割安が相場だが、売り主は買主・借主に対し、ワケありの内容を告知すること（重要事項説明）が義務づけられている。しかし、ここには大きな落とし穴がある。例えば、自殺者が出た賃貸マンションの場合、その後、新たな賃借人が居住をすれば、特別の事情（その賃借人が

ごく短期間で退去したといった事情）がない限り、新たな居住者がその物件で一定期間生活をすることにより、入居者の心理的嫌悪感の影響がかなり薄れると判断され、2番目の入居者には告知する義務がないのだ（正確には、個別具体的な事情を総合的に考慮して判断するという不明確な基準しかない）。

そのため、不動産会社の中には、様々な抜け道を探す業者も存在する。事件後、意図的に第三者（例えば社員や知り合い）を住まわせたり、買わせて、その後告知無しで売る。建物を取り壊して告知無しで土地として販売、土地の盛り土をごっそり取替え新規分譲として売る等々。現在、こうした手段は違法とされているが、発覚しづらいのも事実。「入居後に事実を知った」という可能性も十分ありうるので、注意が必要だ。

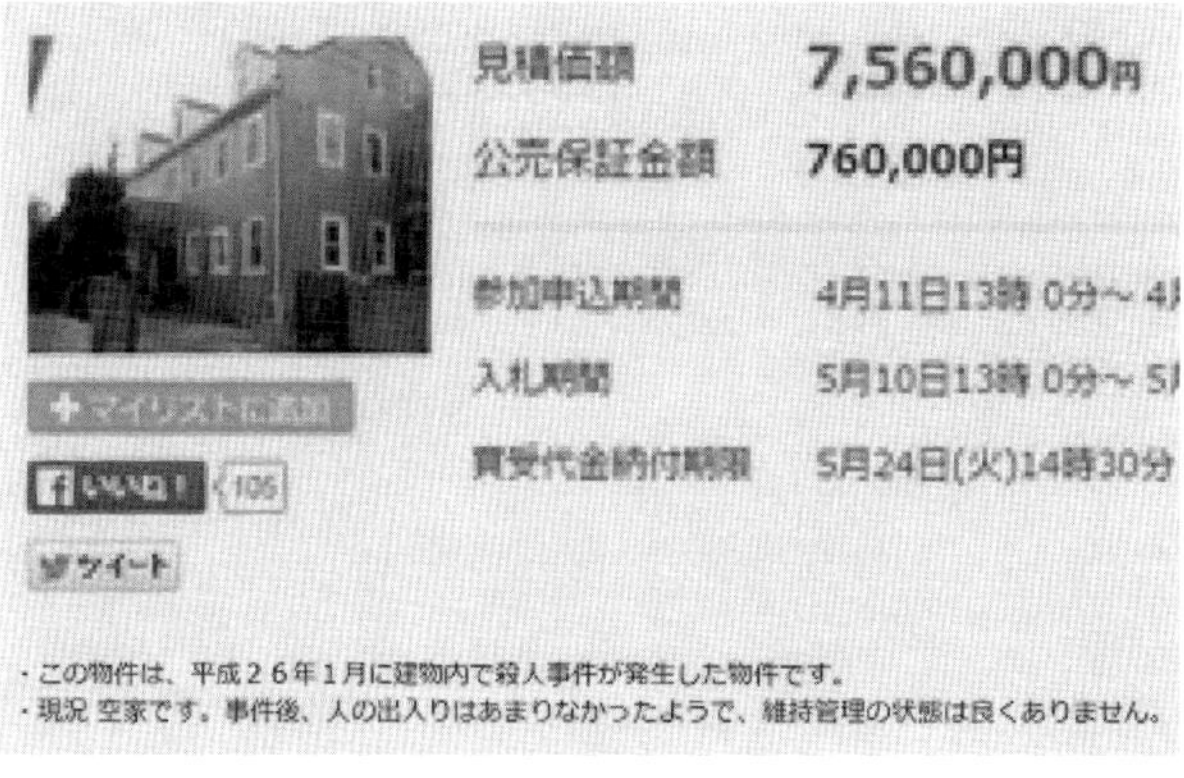

殺人事件が起きた物件。売り主の千葉市がYahoo!オークションで競売にかけ大きな話題に

料金の大部分はアルバイトの人件費

平均3千円もする宅配ピザLサイズの原価は300円

誰もが一度は利用したことがあるであろう宅配ピザ。大手のデリバリーピザチェーンの価格は、おおかたMサイズで2千円前後、Lサイズで3千円前後が相場である。

しかし、ピザの原価は300円程度とも言われている。基本は、小麦粉をのばしソースをかけて、そこに具とチーズを少しのせて焼くだけ。トマトなどソース類が原価の約10%で30円程度、生地の小麦が30〜60円程度。その他のトッピングは大手や中堅チェーンであれば一括大量購入でそれほど高くはならない。

では、なぜこんなに料金が高いのか。ボッタクリでないか。と、怒りたくなるが、実は宅配ピザの料金の大半は人件費なのである。ピザを配達に行くと、片道20分だとしても往復で40分間はデリバリーが1人拘束されてしまう。デリバリースタッフのアルバイトの時給が900円だとすると、1件の配達で単純に600円もの人件費がかかることになる。しかもこれは、デリバリーの人件費だけで、実際にはピザを作るメイク担当の人件費などもかかってくる。その他にも、バイクのガソリン代、デリバリーが交通事故を起こした場合に備えての保険代、店を運営するための家賃や水道光熱費、さらには、メニューやチラシの印刷費用と、ポスティング費用と、あげればきりがないほど経費がかさむのだ。

宅配ピザ屋が利益を出すためには配達にかかる人件費を売り上げの15～20％程度に抑えなければならないという。となると、時給1千円のアルバイトには1時間で約7千円の売り上げが必要。1軒1枚ずつだと1時間に3軒回らないと利益が見込めない。どころか、注文が入ってない待機時間も時給は発生するので、中には人件費だけで赤字という店もあるらしい。

内情を知れば高価格もやむなしと言う気がしないでもないが、そんなに原価が安いとは驚き。

料金は原価の10倍

賃貸契約が切れると同時に、飼えなくなった猫や犬が捨てられる

カナダの建国記念日「7月1日」は、ペットにとっては悲劇の日

毎年7月1日はカナダの建国記念日（1867年建国）。別名「ムービングデー（引越しの日）」と呼ばれる国民の休日である。なぜ、建国の日が、引越しの日なのか？ 例えば、カナダ最大のフランス語圏であるケベック州では大半の賃貸契約が7月1日で切れるため、この日、何十万もの人々が一斉に引越しをするらしい。路上はトラックで埋め尽くされ、荷物を運び出す人、荷物を運び入れる人、さらには同日に前の住居人が出ていき、新しい住居人が入るというのだから大騒動である。

ニュースサイト「カラパイア」に2015年7月に掲載された記事によると、この日、大騒動に巻き込まれるのは、引越しをする人たちだけではないらしい。新しい引越し先でペットを飼えない人が、ペットたちを放棄するという悲劇がいたるところで発生しているのだという。

ケベック州では「ペット不可」の物件も多いため、引越し先にペットを連れて行けなくなった人たちが続々と保護施設を訪れるばかりか、ペットを路上に捨てたり、前の家に放

置するケースも珍しくない。早い話が、この「引越しの日」は何百匹というペットが捨てられるという、飼い犬、猫にとっては最も恐ろしい一日なのである。

ちなみに、ケベック州にあるカナダ第2の都市、モントリオールの動物保護施設SCPAでは月平均600匹の動物を保護しているが、この時期は通常の3倍、収容数は収容できる最大の約1千600匹に達するという。猫の場合は飼育を認められている物件も多いが、犬になると、条件付で認める物件は19％、公的に認める物件は3％しかないというのが現状らしい。建国記念日だからって、浮かれている場合じゃない。

転居先に連れて行ってもらえるペットは幸福な方

午前9時に始業開始の会社は従業員を病気にさせる

睡眠不足、パフォーマンス低下、ストレス蓄積

朝の仕事は頭にモヤがかかっているようで仕事が捗らない――。そんな悩みの原因は、ひょっとしたら午前9時前から仕事を始めているからかもしれない。２０１５年9月、ニュースサイト「カラパイア」が「National Post」の記事を翻訳、掲載した。

これは英オックスフォード大学の研究者であるポール・ケリー博士が発表したもので、それによると、人間の「既日リズム」（いわゆる体内時計）と、9時～17時という一般的な就業時間はまるで合致しておらず、その間に仕事をすると、従業員がパフォーマンスを落とすばかりか、体調不良や疲労、あるいはストレスの原因になるという。特に55歳以下の人には適しておらず、始業開始は10時にすべきと提唱している。

博士は、睡眠不足が健康に重大な問題を引き起こすことにも言及。1日6時間未満の睡眠が1週間続いた場合、７１１個の遺伝子機能に変化が生じるのだそうだ。

この記事が掲載されると、ネットでは働く人から「やっぱり」という声があがった。これまで早起きして仕事をしていたが、能率が上がっていないと感じている人も多く、もっ

と勤務時間を遅らせるべきだという。

以前より出勤時間を遅らせたという人は、パフォーマンスの向上は「圧倒的体感としてよくわかる」という。10時出社だと満員電車のピークから外れることもあり、疲労の度合いが低くなるという効果もあるようだ。

なお、早朝の仕事は人間の生理に合っていないため朝10時どころか「午前中の仕事を禁止した方がいい」と述べる人もいる。慶應義塾大学特任助教の若新雄純氏は「夕方からテンションが上がってくる時間を大事にした方がいい」として、午前中は働かない「フリーAM」という働き方を提唱している。

始業時間が遅いのは結構だが、そのぶん終業時刻が遅くなるのも必然。会社の規定もあり、なかなか働く人の思いどおりにいかないのが実情だ。

8時前に仕事開始など拷問!?

伝染病の媒介者、その年間殺人数は驚愕の75万人

地球上で最も人間の命を奪っている生き物は「蚊」

左の図は2014年、WHO（世界保健機関）がまとめた、各動物が、1年間あたり人間を何人殺したかを表したものだ。線が太いほど多くの人間を殺していることになり、下位から、サメ10人、オオカミ10人、ライオン100人、ゾウ100人、カバ500人、ワニ1千人、サナダムシ2千人、回虫2500人、淡水巻貝1万人、サシガメ（昆虫）1万人、ツェツェ蝿1万人、犬（狂犬病）2万5千人、ヘビ5万人の順となる。

しかし、実はこの図には1位と2位が入っていない。人間を殺す動物には、さらに上がいる。人間の命を奪う生き物、第2位はなんと人間。

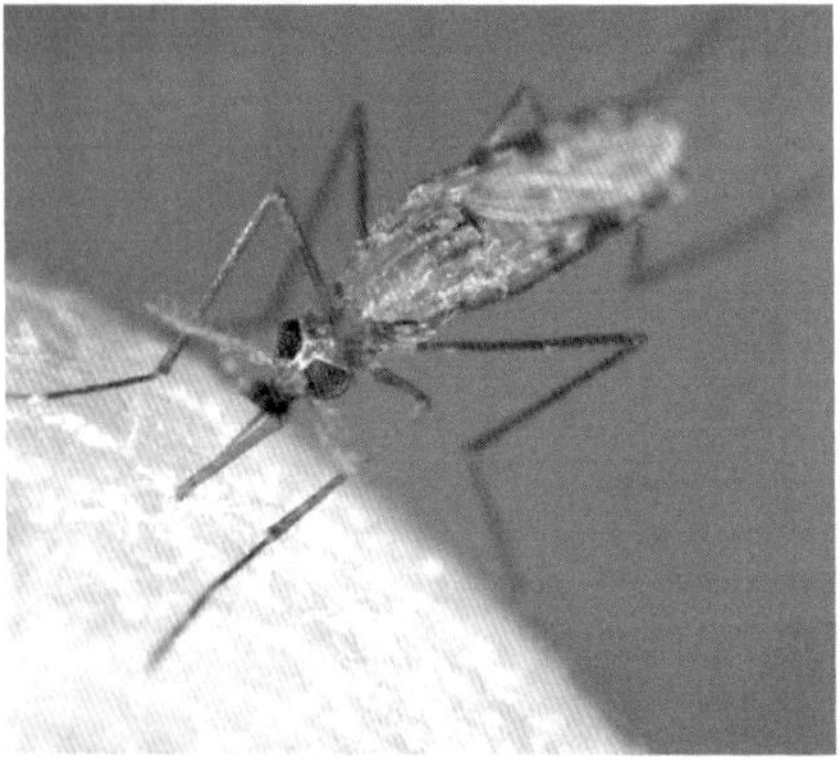

蚊はマラリアなどの病原体を運ぶ殺人兵器

殺人、紛争、戦争などで人が人を殺す人数は年間47万5千人に及ぶ。

そして第1位は意外や意外、蚊である。メスが人体の血液を吸い取って痒みを生じさせる以外に、伝染病の有力な媒介者ともなり、それが原因の死者数はダントツの75万人を数える。

蚊はマラリアなどの原生動物病原体、フィラリアなどの線虫病原体、黄熱病、デング熱、脳炎、ウエストナイル熱、チクングニア熱などのウイルス病原体を、日本を含む東南アジアでは、主にコガタアカイエカが日本脳炎を媒介する。中でも最も罹患者及び死者の多い病気はマラリアで、15年には2億1400万人が罹患し、43万8千人が死亡した。

海外旅行に行った際、一番気をつけるべき生き物はライオンでもワニでもヘビでもない。皆様、蚊に殺されないように！

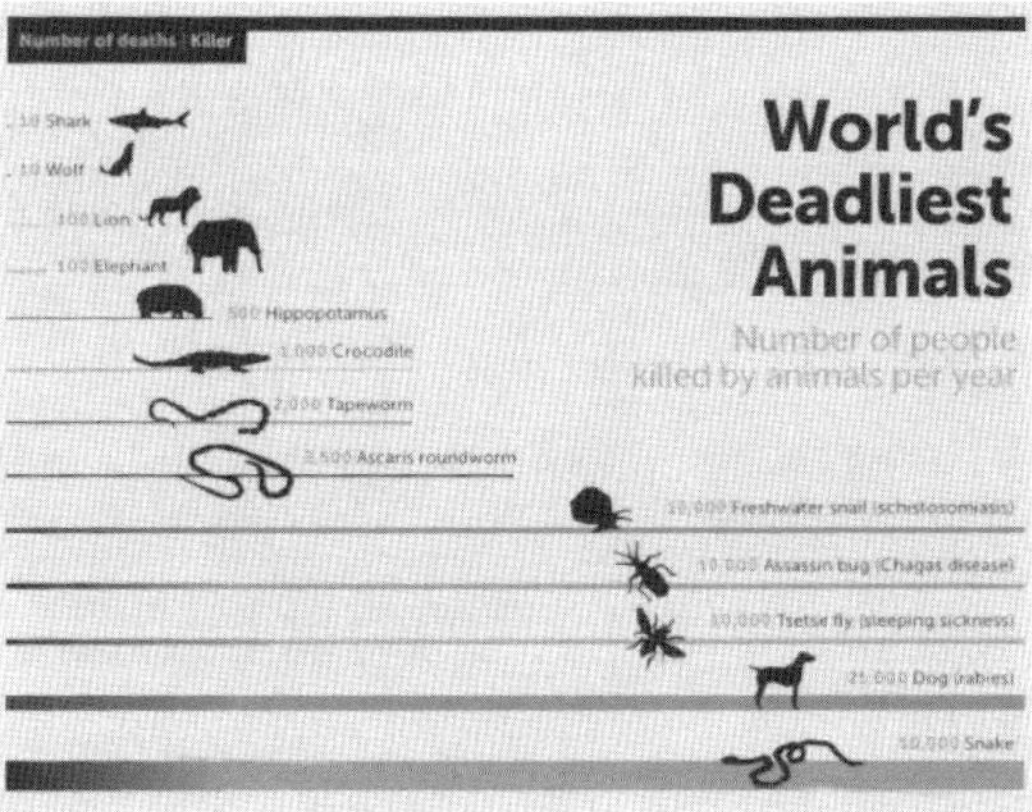

２０１４年、ＷＨＯが発表した1年間で人間を殺した数の多い生き物ランキング。2位「人間」と1位「蚊」は入っていない

近視人口は2人に1人の50億人
2050年までに世界で10億人が失明する危険あり

2016年2月、アメリカの眼科学会誌『オフサルモラジー』(電子版)が震撼の記事を掲載した。50年までに爆発的流行とも言えるスピードで世界人口の半分(約50億人)の人々が近視になり、重度の近視から引き起こされる失明患者が10億人に到達する危険性があるというのだ。

これを報告したのは、オーストラリア・ブライアン・ホールデン・ビジョン研究所のブライアン・ホールデン氏が率いる国際研究チーム。1995年以降に発表され、一定の質を満たした日本を含む各国の研究データ145件を分析し、2000年から50年までの近視(マイナス0・50D超)と強度近視(マイナス5・00D超)の人口を推算した。

その結果、世界の近視人口は00年の14億6000万人(世界人口の22・9%)から50年には47億5千800万人(同49・8%)へと増加。また、近視性黄斑変性症や白内障、緑内障、網膜剥離など失明になる危険性を伴う深刻な病気に進行する可能性のある強度近視も、00年の1億6千3000万人(同2・7%)から50年には9億3千800万人(同9・8%)

へと7・5倍に増え、近視人口の5人に1人を占めることになると予測されたという。

以前から日本や韓国など東アジアでは近視の人が多いことが知られている。今回報告された10年ごとの地域別の推計値も、これら2ヶ国やオーストラリアなどを含むアジア・太平洋の高所得国で突出して高かった。同グループでは00～09年の時点で、すでに近視の人の割合が46・1％を占め、50年には66・4％に達すると推定されている。

一方、これまで近視の人の割合が比較的低いとされたアフリカでも、この50年間に東アフリカ地域では3・2％から22・7％に、西アフリカ地域では5・2％から26・8％に増加するとされ、すでに近視の人が多かった他の地域との差が縮まる可能性が示された。

ホールデン氏らは「今後、近視は世界の失明原因でトップになる可能性がある」と指摘。全世界で目のケアへの取り組みを加速させる必要があると警告している。

近視が失明原因のトップになる日が到来!?

ストレスから鬱病を発症しても自ら治療しない

アメリカで最も自殺者の多い職業は医者

どんな職業にもストレスはある。2014年、米メディア「CareerAddict」が、アメリカで最も自殺率が高く、鬱病の発生率の高い職業を紹介している。意外なそのトップ10は？

10位　科学者／競争の厳しい分野で、発見や改革へのプレッシャーに加え、常に新規論文を発表しなくてはならず相当なストレスがたまるようだ。

9位　薬剤師／薬代を払えない、医療費が保険で賄えない等の患者から、一方的に怒りの矛先を向けられる。巨大製薬会社の圧力も相当。

8位　農業従事者／年収は2万ドル以下と、アメリカで最も所得の低い職業のひとつ。労働がきついだけでなく、重機を扱うため危険も伴う。

7位　電気技術者／景気が悪くなれば、仕事が減る可能性がある。影響大の経済要因に加えて、最近の研究では、長時間電磁波にさらされている従事者は、脳内化学物質の影響が出る可能性も。

6位　不動産業者／アメリカの不動産業界はハイリスク、ハイリターンの世界。金持ちか文無しかという綱渡り的ストレスが常に伴う。

5位　警察官／犯罪社会アメリカでは、日々暴力や事件と取り組むため、他の職業に比べて2倍以上鬱になりやすく、よく眠れない人が4倍もいる。

4位　弁護士／長時間労働、難しい訴訟、クライアントの要求などから鬱病を発症。

3位　金融関係者／株の仲介人などは、経済状況によっては破綻に追い込まれる。

2位　歯科医／身入りが良く、やりがいのある職業だが、長時間労働、モンスターペイシェントとのつきあい、将来への不安がつきまとう。

1位　医者／一般人口の死亡数の約2％を占める。職業柄ストレスが溜まる一方、鬱や精神疾患に苦しんでいても自ら治療しようとしないケースが多い。

ちなみに、アメリカの自殺者数が人口10万人あたり12・35人に対し、日本は21・4人と2倍弱。警視庁が発表した職業別自殺者数（13年）によると、1位から順に自営業、事務、農林漁業となっている。

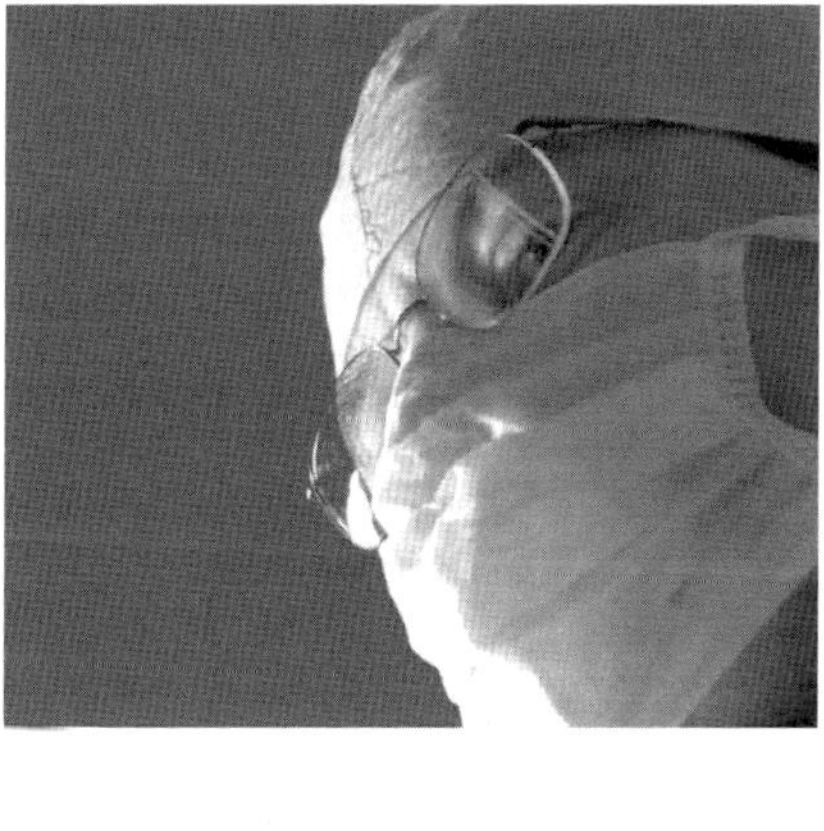

医者の自殺数は、アメリカの一般人口の死亡者数の2％を占める

貧困地区には生鮮食品が届かない
アメリカ国民の6分の1、5千万人が肥満なのに栄養失調

2014年、「フェド・アップ」というアメリカのドキュメンタリー映画が、動画配信サービス「ネットフリックス」で公開された。アメリカ人の肥満について調査し、過去30年間信じられてきた「肥満は個人の責任」「親がそれを食べさせるのが悪い」「運動をして、カロリーを少なくする」等々の定説は全てウソで、その原因が食品産業界の陰謀であることを暴いた衝撃的な内容である。

実際に現在、米国民はその6割以上が過体重（肥満の一歩手前）または肥満の状態にあるらしい。特に速いペースで肥満が進んでいるのが小学生で、過去20年間に6～11歳の肥満率は3倍に増加。今や子供の3人に1人が肥満で、さらにその中の3分の1が糖尿病の可能性を持っているという。これを単なる食べ過ぎの結果、と片付けるのは間違いだ。一般的に、肥満の原因はカロリー摂取の量と考えがちだが、実は糖質を摂取し過ぎることが要因で、食べる量とは関係なく〝食べ物の質〟に起因している。

映画「フェド・アップ」で紹介されるのは、主に田舎で暮らす貧乏な子供たちだ。彼ら

が住む地域には小さなスーパーしかなく、流通経費の関係で野菜や果物など生鮮食品がほとんど売られていない。棚に並ぶのはぜいぜい缶詰やソーセージ程度。必然的に彼らはそれら加工食品や、手っ取り早く腹の膨れるシリアルやコーンフレークを食べ太っていくのだが、カルシウムやミネラル、鉄分が足りないため、血液検査をすると栄養失調と判定されるのだという。

肥満なのに栄養失調。この一見矛盾した状態にある人たちの数は、現在、なんとアメリカ国内で5千万人。総人口3億人の6分の1が飢餓に陥っているというのだから恐ろしい。我々日本人の知らない、大国アメリカの一つの現実がここにある。

過去20年間で、米在住の子供の肥満率は３倍に増加

道路交通標識の「！」が意味するもの

日本全国の至る場所に存在する道路標識の中で写真の「！」が何を意味するかご存じだろうか。国土交通省が公開している「警戒標識一覧」を参照すると「その他の危険」と説明されている。これは何を示しているのか。ネット上の噂では予測不能の事態、例えば、何か正体不明の物が飛び出してくる、心霊現象が起きるなど、様々な憶測が流れている。そこで国土交通省に問い合わせたところ、次のような答が。

「基本的に『！』の標識には『路肩弱し』や『浸水注意』などの補助標識を付けています。ネットで噂されているような事は承知しておりません」

とはいえ、全国には単に「！」とだけ表示された標識があるのも事実。市町村によっては、補助標識では説明しきれないデンジャラスな場所があるのかもしれない。

ネットには、「心霊現象が起きる場所」という噂も

インドの中学の教科書では、日本がアメリカに原爆を落としたことになっている

２０１４年、インド北西部グジャラート州で、英語教育を行う中等教育第8学年（13〜14歳）約5万人の生徒たちが使用する社会科の教科書に、衝撃的な間違いが多発していることを世界のメディアが報じた。

これは同州教育研究訓練委員会が発行した全１２４ページの教科書で、その中に59以上の誤った事実や１００以上のスペルミス等が発覚。特に驚くべきは「第二次世界大戦で日本がアメリカに核爆弾を投下」という歴史的な間違いだ。実際にはその逆だということは世界的に常識レベルである。その他にも「大規模な伐採によって有毒ガスである三酸化炭素（ＣＯ３）が発生している」（ＣＯ３は自然界には存在しない）、自国の独立の父、マハトマ・ガンジーについても「ガンジーは１９２５年5月に初のアシュラム（修行場）を設立した」（実際は１９１５年）「同氏は１９４８年10月30日に暗殺された」（実際は1月30日）など、ケアレスミスでは済まされない誤りのオンパレード。にもかかわらず、この教科書は回収されることなく、そのまま授業で使われたという。

ラブホテルで腹上死した老人は路上に捨てられる

高齢化社会になり、80歳近くなっても元気な老人は多い。こと男性においては「老いてなお盛ん」の言葉どおり、風俗嬢をラブホテルに呼び、コトをいたしているお年寄りも少なくない。実際、昼間のラブホの利用客は年々、高齢者が増えているらしい。

が、一方でシャレにならない問題も起きている。ニュースサイト「トカナ」の記事（2015年6月掲載）によれば、行為の最中、あまりに頑張り過ぎて腹上死（心臓発作）する客がおり、ホテル側がその対応に困っているという。ホテルの前に救急車、消防車などが並ぶとなると、〝いわくつきのホテル〟として悪い噂が立ち、風評被害が起きる恐れもあるというのだ。

そこで、某ホテルでは、客が突然死亡した場合、店員たちで遺体をこっそり裏口から道路の脇へと運び、「路上に人が倒れています」と救急車を呼ぶのだという。確かに、男性の身内や親族が事実を知り、ショックを受けることを考えれば正しい選択に思えるが、ラブホで死んで路上に捨てられるなんてあまりに惨め。シニアの皆様、お遊びはほどほどに。

［第3章］

知らなきゃよかった！怖い人体

全身麻酔がなぜ効くのか、実はよくわかっていない

外科手術に欠かせない全身麻酔。中枢神経に薬物を作用させ、無痛、意識の喪失・健忘、筋弛緩、有害反射の予防、の4つを満たす状態にすることで患者の肉体的・精神的苦痛を取り除く方法である。この全身麻酔は、静脈に薬品を投与する「静脈麻酔」と、呼吸器から薬品を与える「吸入麻酔」の2種類に分かれるが、実は、なぜ後者に効果があるのかわかっていない。

吸入麻酔が実用化されたのは19世紀のこと。当時から麻酔が作用する原因については様々な仮説が唱えられていたが、時代が進むごとにいずれも否定されてきた。現在では、麻酔薬の成分が人間の脳内にある神経伝達物質の作用しているのではないかと言われるが、これもまた証明されたわけではない。とどのつまり、麻酔は「昔からよく効く」という経験則にのみ基づき使われているといって過言ではないのだ。

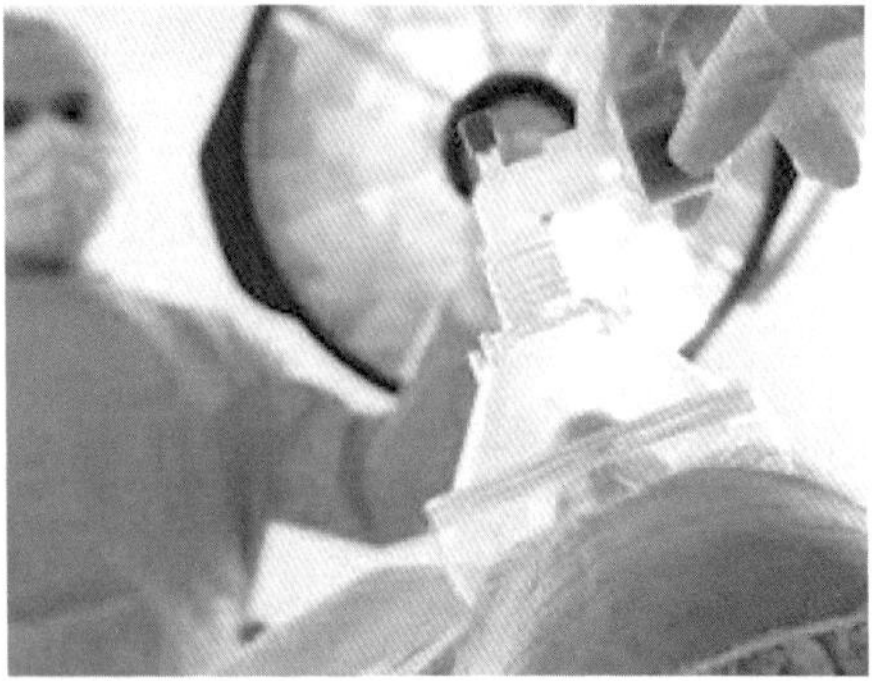

吸入麻酔に科学的根拠無し

胸やけを感じるとき、実際に胸が焼けている

食べ過ぎ飲み過ぎの際に感じる「胸やけ」。実はこれ、本当に胸が焼ける現象だということをご存じだろうか。食事をすると、人の体は食物を口から食道、胃、腸という順番で運ぶ。この順序は、たとえ食後に逆立ちしても変わらない。食道と胃の間にある噴門と呼ばれる弁が、胃から食道へ食物が逆流するのを防いでいるからだ。が、暴飲暴食が過ぎた場合は、噴門の働きが鈍くなり食物が逆流し、このとき胃酸も一緒に食道に運ばれることがある。劇物の胃酸にさらされると一大事。弱い粘膜しか持たない食道は簡単に〝焼け〟ただれてしまう。胸やけとは、このときに体が覚える不快感なのだ。

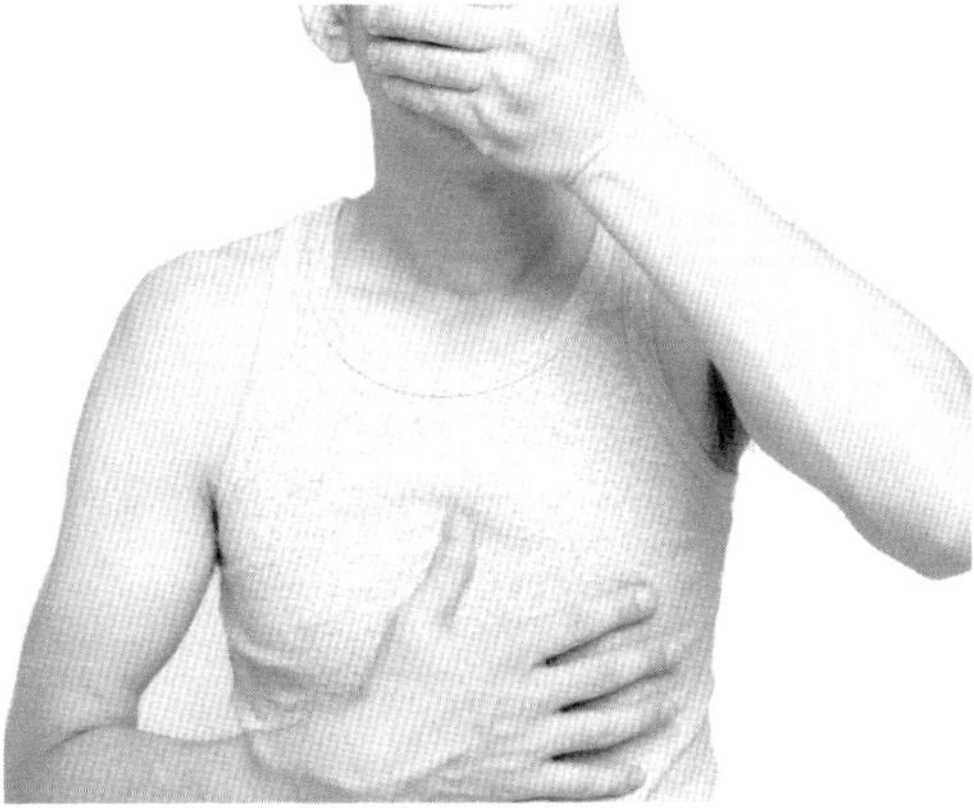

何とも言えない不快感の原因は…

流したときの感情によって涙の味は変わる

人間、とかく涙を流す。瞬きしたとき、目にゴミが入ったとき、玉ねぎが目に染みたとき、嬉しいとき、悲しいとき、悔しいとき。この中で、感情の高ぶりによって流れた涙は、その感情の種類によって味が違うという。

涙の成分は、98％が水分で、その他がナトリウムやカリウム、タンパク質だ。この内、ナトリウムの量がほんの少し変わることによって、涙の味が変わる。具体的には、怒り涙や悔し涙は、腎臓のナトリウムの排出が抑制されるため、涙に含まれるナトリウムが多くなり、味はしょっぱくなる。一方、喜びや悲しみの涙を流すとき、副交感神経が優位になっているため、涙は甘めなのだそうだ。ちなみに、本心から感動したり反省している場合は、涙の味は薄目。ウソ泣きの場合は興奮状態になるため、塩辛くなる。確かめたければ、実際に舐めてみるのが良い。

涙の成分にほんのわずか含まれるナトリウムの量によって味が変化する

脳は痛みを全く感じない

２００１年のアメリカ映画「ハンニバル」で、殺人鬼レクター博士が人の脳を切り取りフライパンで焼いた後、犠牲者に自分自身の脳みそを食べさせるというシーンがあったのをご存じだろうか。犠牲者はさぞや激しい痛みを感じるであろうと思いきや、意外に平気な顔をしていた。なぜか？　実は人間の脳には痛みを感じる機能が備えられていないのだ。

では、我々が日常的に体験する頭痛はどこが痛みを感じているのだろう。頭痛の主な原因は、筋肉の緊張、頭蓋外の血管の拡張、神経痛、頭蓋内部の異状の４つだ。いずれにしろ、痛みは、頭の皮膚やその直下にある筋肉や腱、頭蓋骨の表面を覆っている骨膜などから発生しており、脳自体に痛みは存在していない。よって、脳の手術をする際も理論上、麻酔は不要。しかし、実際のオペは頭部を切開しなければならない。麻酔は、あくまでその痛みを無くすために使用されるのだ。

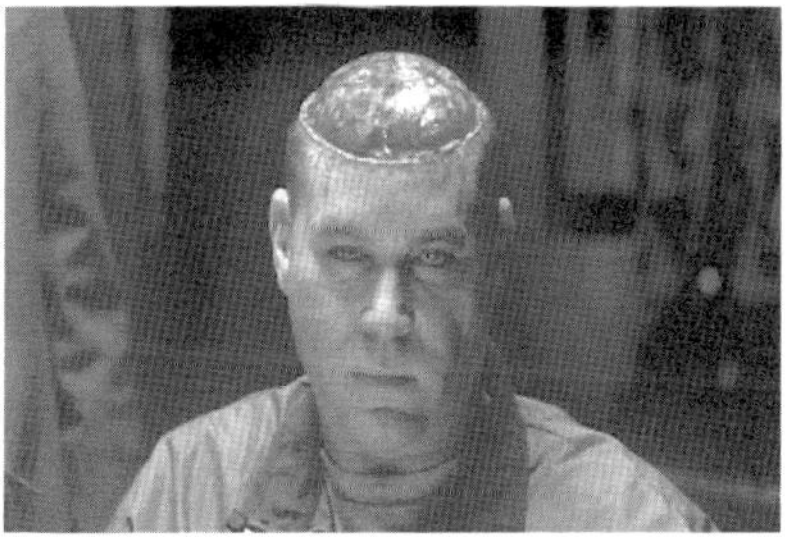

実際に痛いのは頭皮や骨。映画「ハンニバル」でも、レクター博士は犠牲者の頭部切開の際、モルヒネを使っていた

ニセの薬でも効く、ノンアルコールでも酔う

病気になったら薬を飲むのが当たり前。だが、人間とは不思議なもので、それがたとえ小麦粉を薬として出されても、薬だと信じ込むことによって、何らかの改善がみられる場合がある。これは自覚症状だけでなく、数値で表れるという。また、ビールが大好きだという男性2人に、ノンアルコールビール、ウーロン茶、普通のビールの順で飲んでもらい、脳の働きを比較したところ、2人ともノンアルコールビールと普通のビールを飲んだときだけ、同じように脳全体が激しく活動していたという実験報告もある。飲める人が、味・匂い・泡・喉ごし・つまみ・雰囲気といったものから、実際にアルコールを飲んだときの記憶が呼び起こされ、あたかもアルコールを飲んだときの心理的身体的反応が引き起こされたのだ。

全ては思いこみが原因。これらは「プラシーボ効果」と呼ばれている。

思い込めば、効果が現れる不思議

ほ乳類の心臓は15億回の鼓動で停止する

日本人の平均寿命は年々伸びていて、２０１６年時点で男性が80・79歳、女性が87・05歳と過去最高を記録した。この寿命は物理学的時間を時計で測ったものだが、生物学的時間という考え方からすると、一生の間に心臓が動く回数はどの動物も同じで、ほ乳類なら15億回鼓動すると心臓が止まるのだという。例えばネズミの寿命は約４年。象は１・５秒に１回しか鼓動をしないため、寿命も約70年と長い。我々人間の鼓動は１秒間に１〜１・15回。単純計算、生物学的に人間は47年ほどで寿命を迎えることになる。これが、80歳を越えても生きている人が多いのは、安定した食料供給、安全な都市や医療が発達したおかげだ。

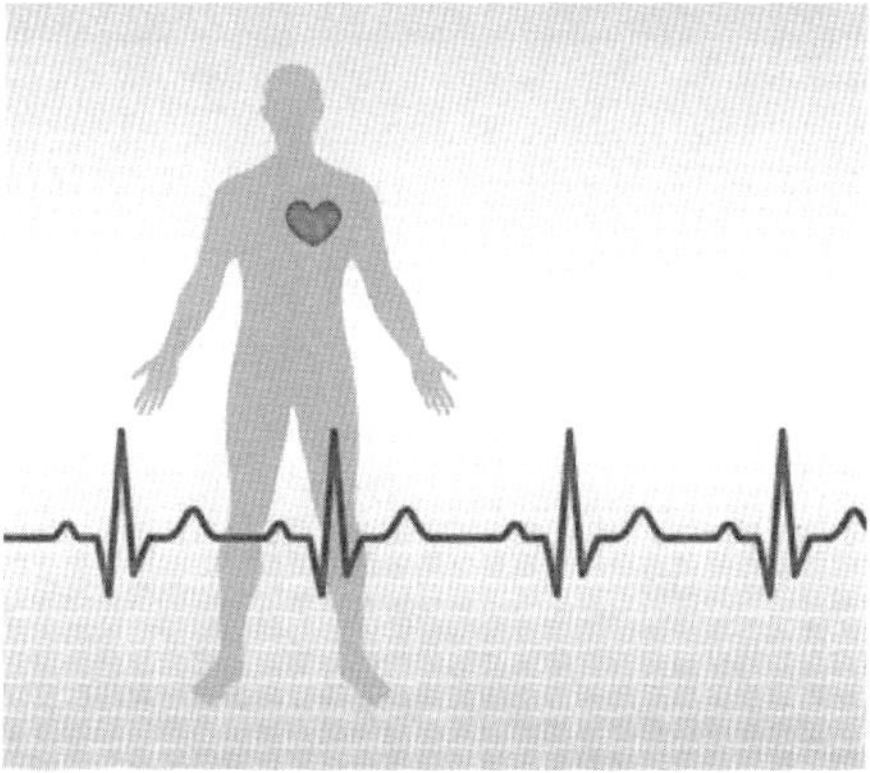

生物学的観点から考えると、人間は30歳を超えたらいつ死んでもおかしくない

死の瞬間はセックスの200倍気持ちいい

気持ちよくて死にそうだ――。セックスの最中、あまりの快感に思わず口にしたことがある人もいるだろう。が、それは大げさではない。脳機能学者の苫米地英人氏によると、死を察知した脳はドーパミンやβエンドルフィン、セロトニンらの脳内伝達物質を大量に放出し、経験したことのない快感状態を作り出すのだという。そのレベルは、なんとセックスの100～200倍。これは自然死、他殺、自殺を問わず共通する幸福感らしい。

ドーパミンとは運動調節、ホルモン調節、快の感情、意欲、学習などに関わる神経伝達物質。βエンドルフィンはモルヒネと同等の作用を持つ〝脳内麻薬〟とも呼ばれる多幸感をもたらす物質で、セックスやランナーズハイの際にも分泌される。これらが大量に放出される死の瞬間。果たして、どんな感覚に包まれるかは、そのときが訪れるまでわからない。

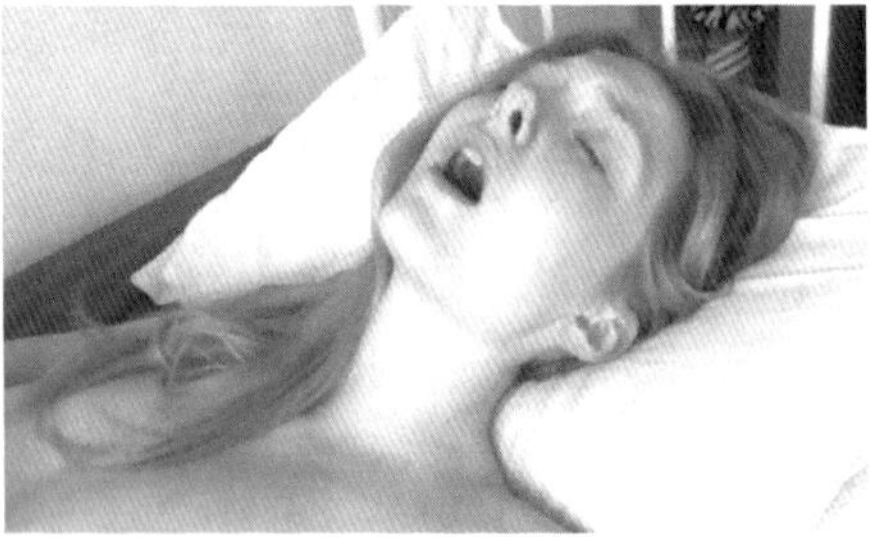

セックスの快感などとは比べものにならないらしい

体感上、人生の半分は19歳で終わっている

「ジャネーの法則」をご存じだろうか。これは、19世紀のフランスの哲学者ポール・ジャネが提唱した法則で、生涯のある時期における時間の心理的長さが年齢の逆数に比例するというものだ。例えば5歳児にとっての1年はこれまで歩んできた人生の5分の1という割合なのに対して、50歳にとっての1年は人生のわずか50分の1。つまり、5歳児の1年を体感するには、50歳の1年が10年分も必要だということらしい。そして、この理論に基づいて算出すると、人生を80年とした場合、体感速度では19歳で人生の半分が終わっているという説もある。確かに、子供の頃の1年は長く感じたし、歳を取ると時間が経つのが速くなるが、19歳で人生の半分が終わっているなら、改めて考え直すことも多そうだ。

こんなに若いのに、人生の折り返し地点に到達しているとは…

凍死の間際は暑くてたまらない

雪山などで凍死者の遺体が発見された際、薄着だったり、服を着ていない場合があることをご存じだろうか。命を落とすほど寒い場所なのになぜ？　と不思議に感じるが、この「矛盾脱衣」と呼ばれる現象は決して珍しくない。

恒温動物である人間は、あまりに寒い環境下に長時間いると、体温の熱量は外気に奪われ、体温が下がる。体温が一定以下に下がると、体は生命の維持のためにそれ以上の体温低下を阻止しようとして、熱生産性を高め、皮膚血管収縮によって熱放散を抑制することにより、体内から温めようとする働きが強まる。このとき、体内の温度と外部の気温（体感温度）との間で温度差が生じると、極寒の環境下にもかかわらず、まるで暑い場所にいるかのような錯覚に陥り、衣服を脱いでしまうのだ。例えば、凍傷に至るような極寒の環境下で体温が34度まで低下した場合、体は平熱の36・5度あたりまで上げようと防御反応が機能する。その差は2・5度。これは実際の平熱36・5度の人がプラス2・5度、つまりは体温が39度まで上昇してしまったように感じてしまうのである。

人間の脳は1時間で半分以上の記憶を失っている

物覚えが良いという人は確かにいる。が、人間の記憶力そのものに個人差はほとんど無いらしい。19世紀の心理学者ヘルマン・エビングハウスは、意味の無い綴りを使い、人がどれくらい記憶できるかを自ら調査した。結果、20分後の節約率（一度記憶した内容を再び完全に記憶し直すまでに必要な時間、または回数をどれくらい節約できたかを表す割合）は58％、1時間後は44％、1日後は26％であることが判明。つまり、1時間で記憶の半分以上、1日経てば4分の3を失っていたのだ。結果は〝忘却曲線〟と呼ばれるグラフで表され、人間がいかに忘れてしまいやすい生き物かをデータで示したが、曲線には続きがあり、1週間後の節約率は23％、1ヶ月後でも21％と数値の極端な減少は見られなかった。一定期間覚えている内容は、なかなか記憶から消えないようだ。

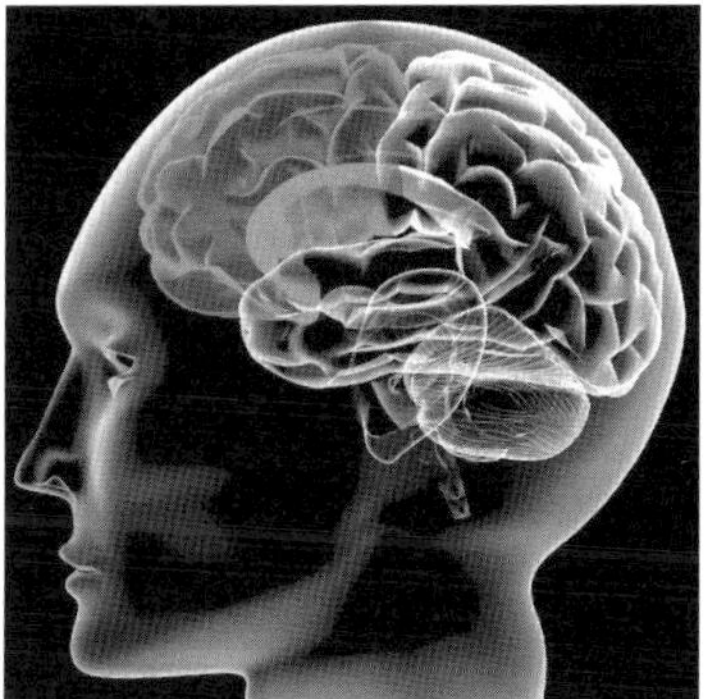

1日経てば、脳に残る記憶はたったの26％

世界中でたったの43人

誰にでも輸血可能な200万に1人の血液型が存在する

血液型の違う血液を輸血すると、赤血球が崩壊し（溶血）、地獄の苦しみを味わったうえで、最悪、死に至ると言われる。が、世間一般には、輸血可能な組み合わせとして以下のような説明がある。

・A型→A型、AB型
・B型→B型、AB型
・AB型→AB型
・O型→A型、B型、AB型、O型

これが正しければ、O型はどんな血液型にも輸血可能のように思えるが、さにあらず。現実には同型輸血が基本で、緊急を要する場合のみO型の血液を輸血することが許可されている。だが、実際にO型輸血が行われることは皆無。要するに、意図的に「異型輸血」が行われることはまず無いのだ。

しかし、そんな血液型の概念を覆す血をもつ人がいる。200万人に1人の割合でしか存在しない幻の血液型、「Rh　null（アールエイチヌル）」型。抗原を一切持たず、誰にでも輸血することができる（ただし、ABO型の抗原の制約があるので、完全にOKなのはO型のRh　null型だけ）、通称「黄金の血」と呼ばれる血液である。この血液型は、1961年にオーストラリア原住民から初めて発見され（日本では67年）、具体例としては、75年、スイス・ジュネーブの大学病院で感染症にかかった当時10歳の少年の血液を調べたところ、血液型を判別するためのRh抗原が存在しない「Rh　null」であったことが報告されている。

2010年の段階で、この血液を持つ人は世界中でたったの43人。その中で輸血に応じてくれるのは、ブラジル・日本・中国・アメリカ・アイルランドに住む6人だけだという。

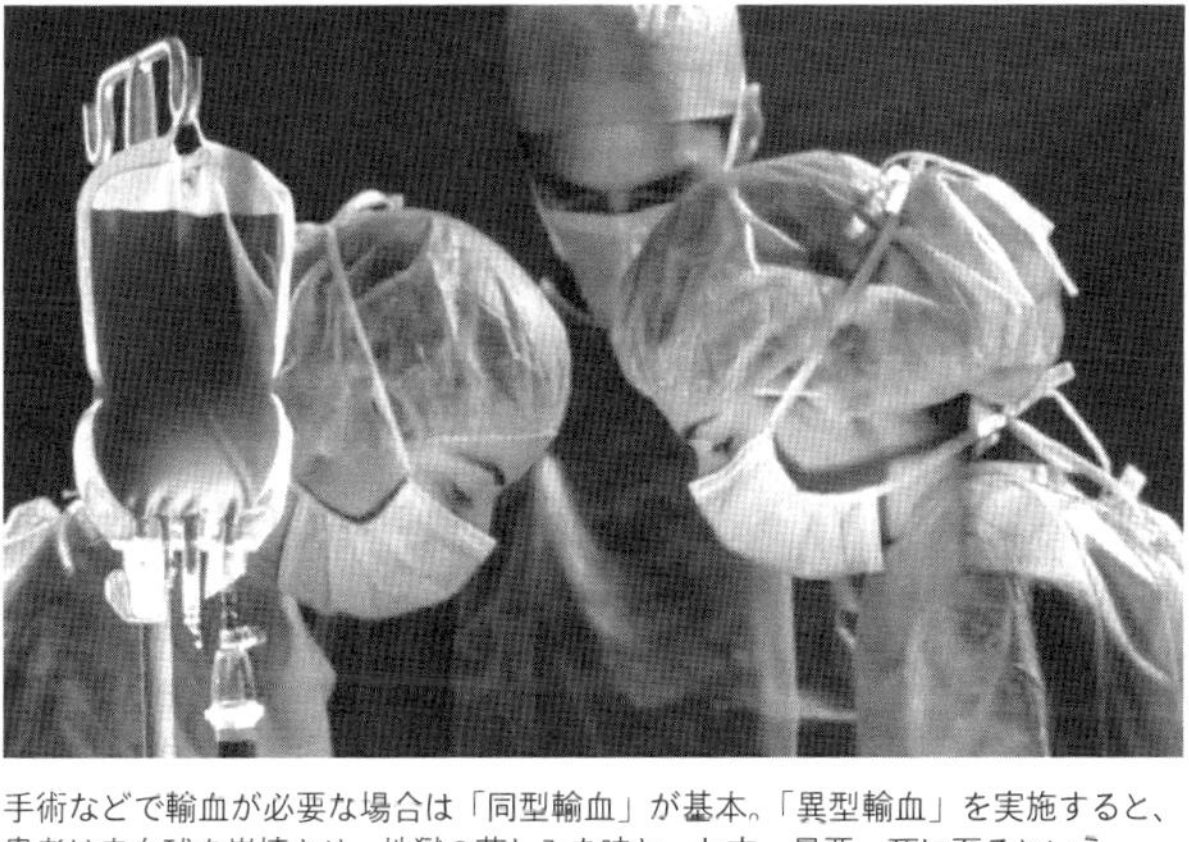

手術などで輸血が必要な場合は「同型輸血」が基本。「異型輸血」を実施すると、患者は赤血球を崩壊させ、地獄の苦しみを味わった末、最悪、死に至るという

胎児は子宮の外で大きくなった
46年間妊娠し続けた75歳の女性がいる

２０１４年、46年間子宮の中にいた子供を産んだ75歳の女性が存在していたことが海外のネットで話題になった。

アフリカのモロッコで生まれ育った彼女が、カサブランカ郊外の病院で初めての出産に臨んだのは１９５５年、29歳のとき。しかし、陣痛が始まり48時間経っても赤ちゃんは産まれてこない。そこで彼女は急遽、救急病院に運び込まれたのだが、そこで、若い女性が手術台の上で激痛に悶え、苦しみながら命を落とす姿を目撃してしまう。彼女はパニックに陥り、自分も同じように苦しみながら死んでいくものと、思わず病院から逃げ出してしまう。

その後、数日続いた耐え難い痛みは突然止まり、彼女はお腹の子が地元に伝わる神話にある「眠れる赤ちゃん」なのだと信じ、妊娠した事実を忘れるよう心がけ「いつかきっと生まれてくる」と待っていたのだという。

数十年後、彼女は3人の養子を育てる祖母になっていたが、２００１年、75歳のとき、彼女の体を激しい痛みが襲う。数人の医師が診察したものの原因がまるでわからない、しかしその中で唯一、彼女の腹部の膨らみに気づいた医師が卵巣の腫瘍の疑いを指摘し、X線の検査を勧めた。

果たして、彼女の腹部の膨らみは、産まれることなく石灰化した胎児だということが発覚。しかも、この胎児は母親の子宮の外で大きくなり、彼女の腹部の壁に貼りついたまま、内臓と結合していたというのだから驚きだ。

そしてさらに驚くべきは、母親の体内で死んでしまった胎児から感染症などを発症しないために、体の免疫機構は胎児の体を硬い石灰物質で何層にも覆っていたこと。人体とはなんと不思議なものであろう。

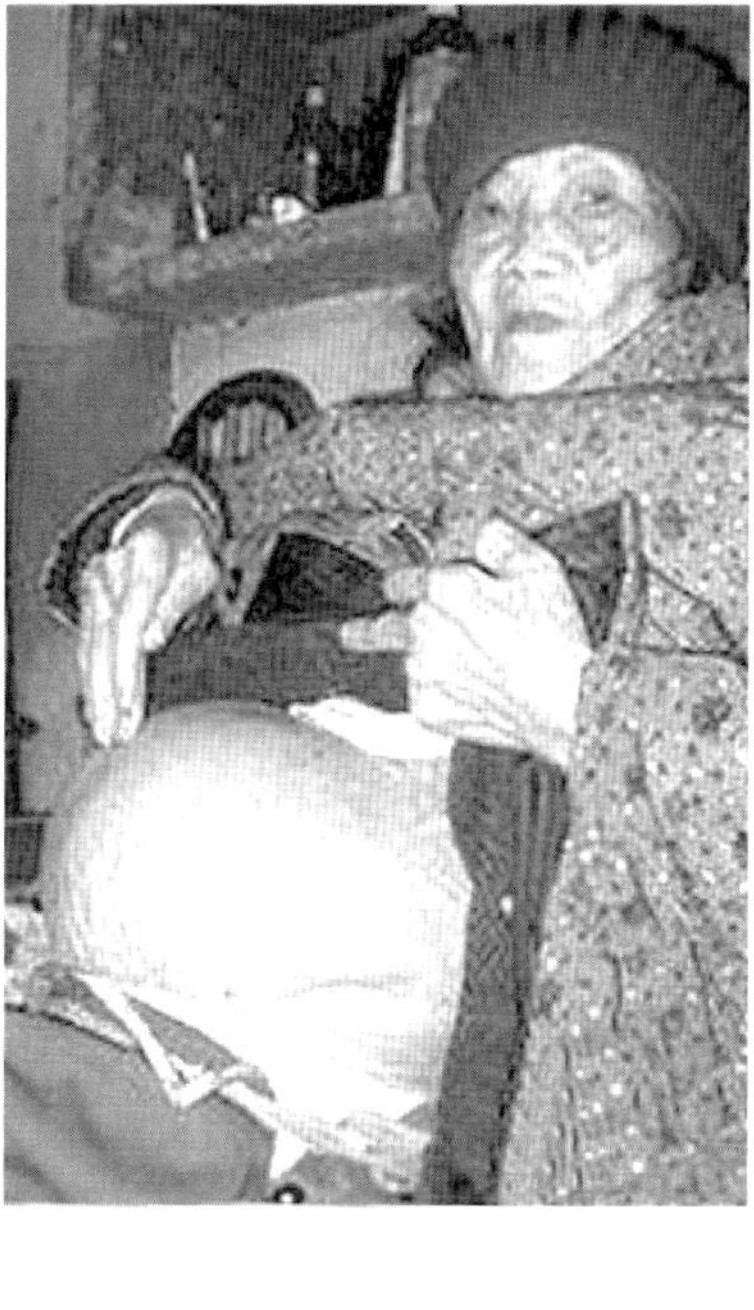

世界を驚愕させたザーラ・アブタリブさん。これだけ腹部が膨らんでも、その原因を突き止められる医師はいなかった

たこつぼ心筋症、通称「傷心シンドローム」という病

人は「傷心」が原因で死んでしまうことがある

長年連れ添った夫が死んで、まもなく妻も死亡したというケースはよく聞く。高齢で、病気を患っていれば、さして珍しくはない。が、たとえ健康体でも、時に最愛の人を亡くした哀しみ、傷心からストレスが死期を早めることもあるらしい。

2014年7月、ウェールズ在住のマーガレット・ウィリアムズさんの葬儀が執り行われた。夫のエドモンドさんとは60年間にわたって連れ添った夫婦で、彼らは90歳近くになっても、手をつないで散歩に出るほど愛し合っていた。1週間後、今度はエドモンドさんがこの世を去った。彼は哀しみに打ちひしがれる中、天国へ旅立ったという。

決して偶然とはいえない。14年初め、アメリカの科学誌『JAVAインターナル・メディシン』に掲載された研究で、愛する人を亡くした人が同じ月に心臓発作や脳梗塞を起こした件数は、そうでない人と比べて2倍にも達することがわかった。

この「傷心シンドローム」は、正式には〝たこつぼ心筋症（ストレス性心身症）〟という。英国心臓基金では「心臓の筋肉が突然衰弱する、または麻痺する一時的な症状。心室の一つ、

左心室の形状が変化する」と定義。突然のストレスによって左心室が膨張し、心臓がたこつぼのようなクビれた形状をとることに由来する。

研究では、たこつぼ心筋症患者の4分の3が発症前に感情的ないしは身体的ストレスを経験していることが判明している。が、死別だけが原因ではない。同僚のいたずらで驚いたり、大勢の前で話すことで受けるストレスによっても罹患したという記録もある。これはアドレナリンなどのホルモンの急激な放出が、心筋の麻痺を引き起こすことが原因と考えられている。

たこつぼ心筋症は多くの場合、ストレスが消え去れば、心臓の形状は元の状態へ戻り、自然に回復する。が、高齢者など一部の人たちは、これによって致命的な心臓発作が起こり、そのまま命を落とすこともあるのだ。

妻マーガレットさん（右）が死んで１週間後に夫エドモンドさんが天国へ。「たこつぼ心筋症」は一般的に女性が男性に比べ７倍発症しやすいとされる

発症すると、脳内が破壊され異常な発汗、瞳孔の収縮、無気力、便秘、慢性不眠に

いくらもがいても眠れず、最終的に死に至る恐怖の遺伝子疾患がある

２０１６年、アメリカのドキュメンタリー番組「60ミニッツ」で、オーストラリア在住の30歳と28歳の姉弟が取り上げられた。彼らの母親は、ある病を発症し半年後61歳で死亡。さらに同じ病気で叔母は42歳、祖母は69歳、叔父は20歳でこの世を去り、彼らもまたこの病気の遺伝子を受け継いでいるのだという。

「致死性家族性不眠症」（通称ＦＦＩ）。１千万人に１人以下の割合で起こる非常に珍しい遺伝子疾患で、今のところ治療法は無く、発症後、肉体も精神も急速に衰え、多くの場合、2年以内に死に至るらしい。

ＦＦＩは、遺伝子異常によってタンパク質のプリオンが変形、脳内に蓄積してしまうことが原因とされる。いったん発症すると、脳内が破壊され異常な発汗や瞳孔の収縮、無気力、便秘、慢性不眠などの症状が出現。さらには、知覚や意識がなくなる人事不省になることもある。これは、深い眠りのときに現れるレム睡眠の状態と似ており、ある女性患者の場合、常に髪を梳くような仕草を繰り返していたそうだ。彼女は発症する前は美容師だ

ったという。

１９９０年代、この不治の病にただ死を待つだけでなく、ありとあらゆる治療法を試した男性がいる。彼はビタミンのサプリを飲み、定期的に運動して全身の健康状態を改善させ、ケタミンや笑気などの麻酔薬まで使用。さらには、温めた塩水を満たした感覚遮断タンクを購入してその中でぷかぷか浮かび、いつの間にか眠りに落ちて、ついにしっかり4時間半の睡眠をとることができたという。が、彼はその後、目覚めたときにひどい幻覚に悩まされ、自分が生きているのか死んでいるのかよくわからなくなり、結局、数年後に命を落としたという。

恐怖の病、ＦＦＩ。未だ確実な治療法は開発されていない。

FFIの遺伝子をもつオーストラリアの姉弟。いつ発症するかわからない恐怖と日々闘っている

夢遊病者は睡眠中、体重が無くなっている⁉

空中浮遊していた可能性も

睡眠時遊行症。睡眠中に発作的に起こる異常行動のことで、一般的には夢遊病と呼ばれる。2015年11月、ニュースサイト「エキサイト」が、この夢遊病に対し興味深い記事を掲載した。夢遊病者は睡眠中に体重を著しく減らす、もしくは体重が無くなっている可能性があるというのだ。

09年5月、当時18歳のイギリス人女性が自宅の2階窓から睡眠中に転落。夢遊病による夜間徘徊の結果だった。7・5メートルの高さから落ちたにもかかわらず、彼女は腰の痛みを感じた程度で、怪我は全くなかったという。日頃、演劇とダンスを学んでいた彼女は、事故当日、実技試験に疲れて夜9時半にはベッドに入った。が、数時間後に、突如窓から地面に落下。彼女の叫び声に気づいた母親が外に出て発見したが、その時点でも彼女は寝ており、自分に起きた事態を全く覚えていなかったそうだ。母親によれば、彼女の落下地点は芝生が15センチほど剥げていたが、まるで軽い人形が落ちたかのようだったという。

こんな例もある。ロシア在住のある男性が、自分の娘が無意識で夜中に徘徊する夢遊病の症状を示していたことから、00年の8月から11月末にかけて、娘の体重低減現象を調査した。彼は娘の部屋のドアの前に（必ず踏まなければならないように）体重計を設置、娘が部屋を出た時刻と体重が記録されるようにした。その結果は極めて興味深いもので、実験の4ヶ月の間に22回の異常な体重変化が測定されたという。

彼女の通常時の体重は42キロ弱。その体重が、2度微増、1度激増、1度微減したものの、残りの18回は、実に通常時の0～17％ほどに激減していた。また0％は2度測定されており、体重はマイナス、つまり、体が浮揚していた可能性も否定できないものだったそうだ。なぜ、こんな現象が起きるのか。医学的には解明されていない。

2階の窓から転落したもののケガ一つ負わなかったイギリス人女性。レントゲンやCTスキャンでも異常は見つからなかったそうだ

生物学的年齢は33歳もの開きが
老化のスピードは人によって3倍違う

2008年、「ベンジャミン・バトン　数奇な人生」という映画が公開された。ブラッド・ピットが扮する主人公の男性が80代で生まれ、年を重ねていくごとに徐々に若返り、最後は10代の少年の姿になりながらも記憶の大半を失い、自分のことさえわからない認知症を患い息絶えるという、実に切ない物語である。

もちろん、現実は逆である。人間、歳を取れば誰でも老いる。少しでも若く見られたいとアンチエイジングを施しても、機能の低下は防ぎようがない。が、そのスピードは個人によって大きく差があるようだ。

15年7月、アメリカの科学雑誌『米国科学アカデミー紀要』が、たとえ同い年でも老化には差があり、ある個人を別の個人と比較した際、3倍の早さで老け込むという調査報告を行った。

この研究はニュージーランドのダニーデンという町で1972年〜73年に生まれた754人の男女を対象に、彼らの実年齢と生物学的年齢を比較したときの老化スピードを追跡調査したものだ。調査は26歳、32歳、38歳時点で行われ、被験者は腎臓、肝臓、肺、免疫システムの働き、心肺機能等18項目を測定。その結果、38歳時では生物学的年齢が28歳〜61歳の、実に33歳もの開きが現れたという。研究者の1人によれば、「中年になる前にすでに『生物学的に老いが進んでいる』個人は、身体の不調を訴えたり、認知力も低下、脳も衰えている。また、体力に自信がない者は、見た目も老けている」らしい。

しかし、これら老け込みの原因はどこからくるのだろうか。研究チームは「喫煙や深刻な精神的疾患などの可能性」を調査中とのことで、はっきりしたことはわかっていない。

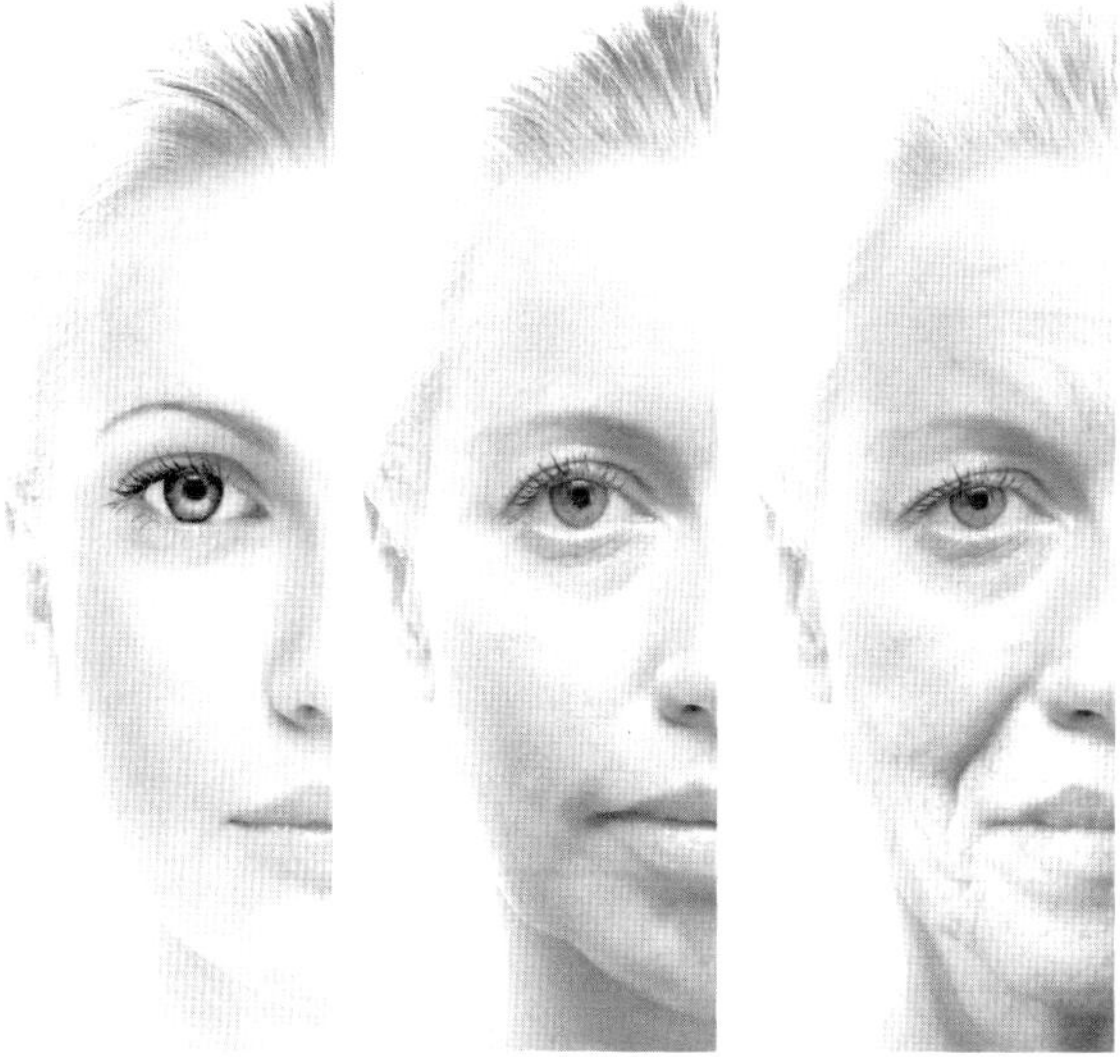

老いを防ぐのは不可能だが…

しっかりと鉛筆を持ち、社会性テストでも高得点

赤ちゃんの「へその緒」を切る時間を3分遅らせるだけで、運動機能がアップする

人間、誰しもこの世に誕生した際は、へその緒を切られる。それまで母親の子宮の中にある胎盤と胎児を繋ぎ、栄養を与えられていた管をカットすることで、1人の人間として生きていくのだ。

しかし、このへその緒を切る時間を3分間待つことで、その後の子供の発達が促進されるらしい。2015年5月、英紙『デイリー・メール』によれば、これはスウェーデン・ウプサラ大学の研究チームが発表したもので、無作為に選ばれたスウェーデンの新生児382人のへその緒を切るタイミングに変化をつけ調査したのだという。

研究チームは、赤ん坊を「出生時10秒以内に切断」「最低でも3分遅らせて切断」の2グループに分類、4年後に彼らの発達具合を調べた。結果、一見、切るタイミングは関係なく、どの子供も同じように発育していたものの、ただ一点「微細運動機能」に違いが現れていることを把握する。

微細運動機能とは、モノをつまんだりひっぱったり、字を書く際きちんと鉛筆を持てる

か等の微細な筋肉運動のこと。調査結果では、後者グループの方が前者より鉛筆の握り方がしっかりしていること、また社会性のテストでもより高いスコアを出すことが判明したという。この理由は、血液中の鉄にあるらしい。出産後、へその緒を3分間長く繋ぐことで、母親の胎盤から赤ちゃんには104ミリリットル多め（大人の血液1・9リットル相当）に血液が注がれ、そのぶん、微細運動機能の発育に関係する鉄分がより多く補給されるのだ。

ちなみに、発達の特徴が見られるのは男児のみ。女児は、もともと多くの鉄を内包して生まれてくるため、へその緒を切るタイミングと発育度合いには関係が無いらしい。

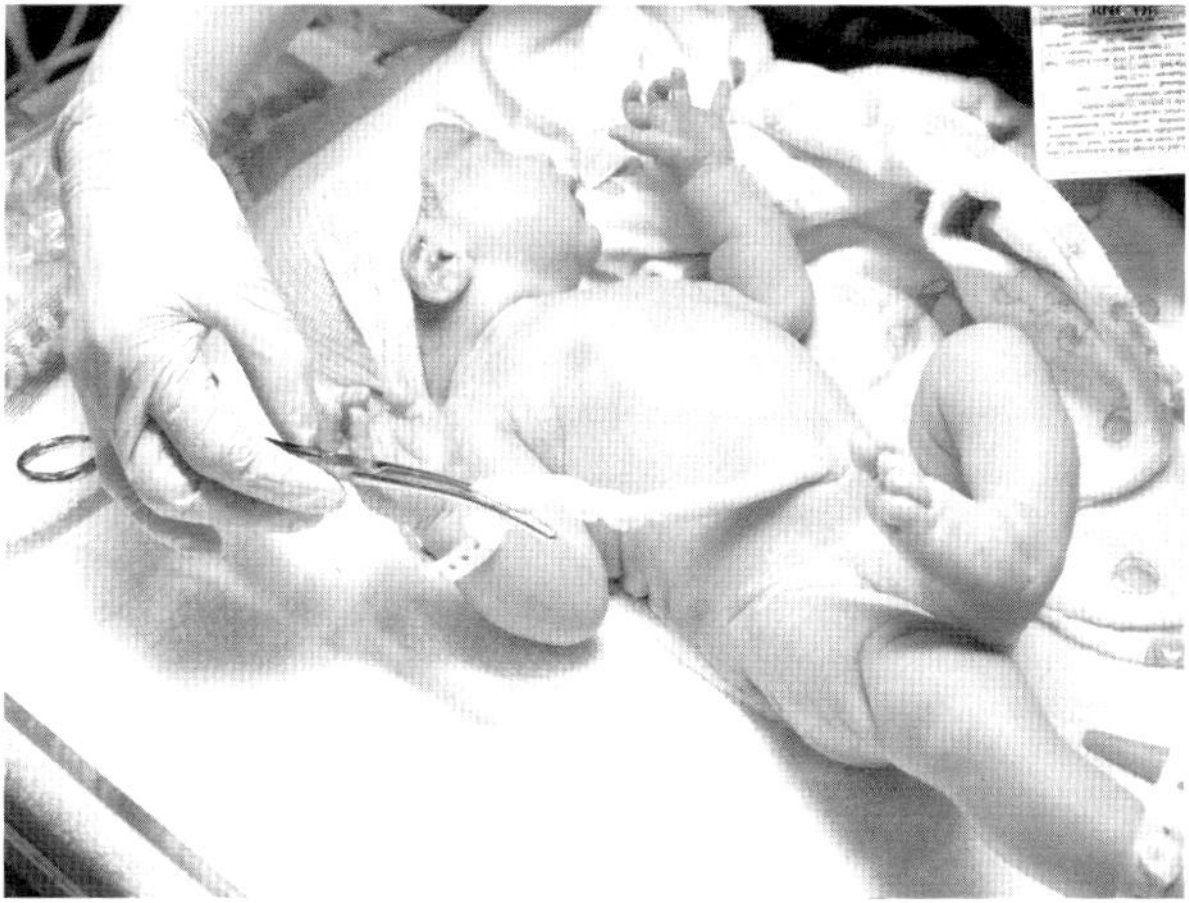

鉄分の補給が鍵となるが、発育の特徴が見られるのは男児のみ

目隠しで食事をすると、満腹感がより得られる

視覚遮断は、食欲を奪う

人から視覚を奪うと、普段の量でもより満腹感を得られる――。2016年2月、ドイツ・コンスタンツ大学の心理学者ブリッタ・レンナー教授が発表した研究報告によれば、この現象は視覚以外の感覚に意識を向けることが原因だという。

実験は、90名の学生を対象に行われた。アイスクリーム（チェリー味、キャラメル味、ストロベリーソース付きのバニラ味の3種）を食べさせ、被験者の半数が、アイスクリームの味と食感、食べたと思う量と満腹感、それを買いたいかどうかについて回答。残り半数は、同じ試食をスキー用のゴーグルを改造した目隠しを着用して行い、アンケートに答えた。

この結果、目隠しを着用したグループが食べた量は一方のグループと比べて9％少なく、購買意欲も低かった。また目隠し無しのグループが食事量を33％過大評価していた一方、目隠しグループは88％過大評価した。これについて、研究チームは試食に使用されたアイスクリームが「悪い食品」に属し、被験者が罪悪感を感じたことが原因ではないかと推測

している。

さらに研究チームは、食品を見ないことでインセンティブ価値が低下したのではないかとも指摘する。目からの味わいが無くなることで、快楽に対する飢えが減少、それに対する欲求も低下したのかもしれないというのだ。

視覚はしっかり食事が摂れたかどうかを判断する際に大きな役割を果たす。しかし、これは目の前に見える物の大きさに影響を受ける。小さな皿で食事をすると、同じ量であっても大きな皿で食べるよりも満腹感が増すものだ。

研究報告からは、盲目の人は匂いの区別が巧みで、また触覚による空間認知も鋭いことが示唆されている。よって、目が見えない状態だと食事がより鮮烈な体験となり、食べた量の過大評価につながる。また視覚を奪うことで、実際の食事量と知覚した食事量との関連が断たれることも一因と推測されている。

知られざるダイエット法

便秘気味な人は、吐く息がさらに臭くなる
我慢したオナラは口から出る

生理現象とはいえ、人前では避けたいのがオナラ。下品な音や、鼻をつまみたくなるような臭い。特に若い女性の場合は、ついうっかりでは許されないだろう。

オナラの主成分は空気である。この空気は、ご飯を食べたときに一緒に飲み込んでしまうために腹部に溜まり、やがて腸へと送られていく。こういうときに出るオナラは、音は大きいがさして臭くはない。臭いオナラは、食べ物を分解したときにできるガス。便秘気味な人は、腸に溜まった便が腐敗していく際にもガスが発生するため、さらに臭くなる。

そんなオナラを我慢し続けると、どうなるのか。我慢したオナラは、腸壁から吸収され、そのまま血液に流れて全身を巡回。そして、その血液が肺まで到達すると、呼吸のときに一緒に出ていく。つまり、最終的に口から排出されるのだ。臭いオナラを我慢した場合は当然、吐く息も臭い。ばかりか、汗までも臭くなる。が、臭いだけならまだマシ。腐敗物のガスが全身の血液をめぐると、あちこちで健康被害が発生する。息や汗だけでなく全身が臭くなるばかりか、肝臓に腐敗物が流れこむため、肝臓に負担がかかり、肝機能に異状

が起きる。また、免疫過剰が発生してアレルギーになったり、腸の機能が悪くなって婦人病にかかりやすくなったり、最悪、ガンの原因になったりもするから恐い。

息が臭い人は、実は我慢したオナラのせいかもしれない。出したくなったら、必要以上に我慢せず、トイレなりに駆け込むべし。

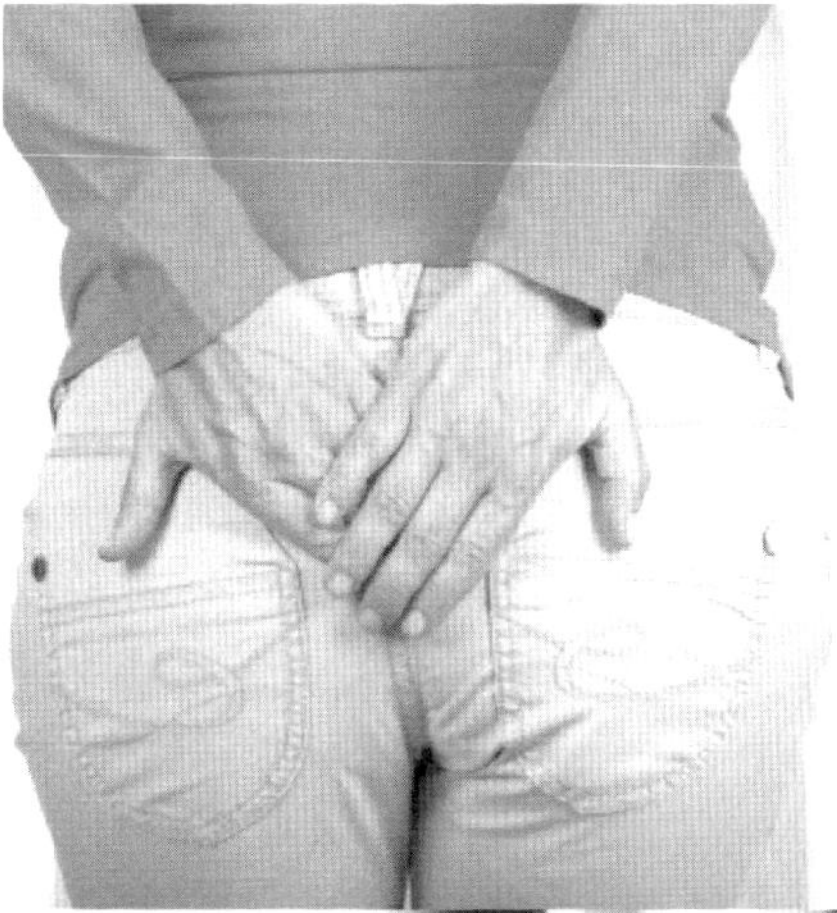

我慢したオナラは、腸壁から吸収され血液に流れて全身を巡回、肺まで到達すると、呼吸と一緒に出ていく

10億人に1人の「キメラ」というDNAが原因
出産したばかりの子供とDNAが一致しない不思議

2002年、米ワシントン州で2人の子供を持つシングルマザー、リディア・フェアチャイルドさん（当時26歳）が第3子を妊娠した。しかし、その後、パートナーと別れることになり、彼女は仕方なく社会福祉局で生活保護を申請する。

ワシントン州では、未婚カップルやシングルマザーが生活保護を受ける際は、家族全員がDNA鑑定を行い、親子関係を証明しなければならない。そこで母子3人と父親でDNA鑑定を受けることに。2週間後、社会福祉局から驚きの結果が届いた。父と子供のDNAは一致したが、リディアと2人の子供のDNAが一致しないというのだ。再検査をしても結果は同じく不一致。社会福祉局は、彼女が生活保護を受けるために他人の子供を申請したとして「公的扶助の不正取得」の疑惑をかけ、法廷に引きずり出す。

両親や大、リディアが出産した病院の医師も証言したもののDNA鑑定の結果は覆らず、彼女には詐欺罪の容疑がかけられることになった。が、出産予定日が近づいている。そこで彼女は「出産現場を見せれば親子関係は実証される」と、検察官や福祉局員を出産に立ち会わせた。果たして、無事に生まれてきた赤ん坊と彼女のＤＮＡはまたも不一致。

結果的に彼女を救ったのは１人の弁護士だった。もしやこの女性は世にも珍しい「キメラ」と呼ばれるＤＮＡを持っているのではないか。そう推測した弁護士が彼女の全身50ヶ所からＤＮＡを採取して鑑定を行ったところ、子宮から検出したＤＮＡが赤ん坊と完全に一致。３人の子どもの親子関係が証明され、彼女は無罪になると同時に、生活保護を受けることができた。ちなみに「キメラ」とは、細胞核の中に遺伝的に異なる2種類以上の染色体と遺伝子を持っている状態で、10億人に１人の割合で発生する極めて稀なＤＮＡ。いくら鑑定精度が上がっても、死角はあるものだ。

現在のリディアさんと、１人増えた４人の子供たち

感覚遮断によって起きた解離状態

他人の瞳を10分間見続けると、モンスターが現れる

2015年、イタリア・ウルビーノ大学の心理学者、ジョバンニ・カプトが奇妙な実験を行った。内容は、薄暗い部屋で被験者にパートナーの目を10分間じっと見つめてもらうというもので、被験者には、「目を開けたままの瞑想体験」と伝えた以外は、実験の目的を教えていなかった。

カプトは、40名の被験者にペアを組んでもらい、20名ずつ2つのグループに分類。一つのグループには男女互いに1メートル離れて座らせたうえで目を見つめ合わせ、もう一方には同じ照明レベルの部屋で同じ時間だけ、何も無い壁を見つめるよう指示した。

10分後、被験者全員が実験中に体験した出来事に関する質問票に回答した。その結果、前者グループの90％が相手の顔が変形して見えたと答え、そのうち3分の1は怪物が見えたと報告。また、半分がパートナーの顔に自分の顔の特徴を見ており、15％が家族の顔が見えたと答えたそうだ。

カプトは、この結果に関して、暗い照明の下で他人の目を見つめると、何らかの要因が

人間の認知と精神状態に大きな影響を与えるとし、「奇妙な顔の出現」については、感覚遮断によって起きた解離状態から「現実」に再度戻る間に起きた可能性があると推測した。

この実験結果は、カプトが以前行った、50名の被験者が10分間鏡に映る自分を見つめた先行研究の結果とも合致している。２０１０年に実施されたこの実験では、被験者全員がわずか1分後に自分が自分で無いような感覚を味わい、一部の被験者は顔の変形や、他人、先祖、動物あるいは怪物といった顔を見たそうだ。

見つめ合っているうち自分が自分でないような感覚に襲われるという

アメリカに入国できない⁉

世の中には生まれつき指紋の無い人がいる

今やスマホの認証などにも使われる指紋。指先紋様は人によって異なり、また一生変化しないことから、個人を特定する重要な証拠として、犯罪捜査の決め手になっている。しかし、世の中は広いもので、生まれつき指紋を持たない人間がいる。

2007年、1人のスイス人女性が皮膚科を訪れた。何でも、彼女の指には生まれつき指紋が無く、アメリカ入国時に外国人に必ず課される指紋の採取に大きな不安を持っているという。また、08年1月には、台湾の台北県で遺伝により両手両足の指紋が全く無い一族の存在が明らかになったという報告もある。この一族は5世代にわたり全員に指紋が全く無かったそうだ。

このように、生まれながらにして指紋を持たない症状は「先天性指紋欠如疾患」、別名「入国遅延病」とも呼ばれ、遺伝性の疾患と考えられている。

イスラエルのテルアビブにある医療センターで、原因究明に取り組んできた皮膚科医が、この症状が見られるスイスのある家系に注目。通常の指紋を持つ7名と無指紋の9名、計

16名からDNAを採取、その配列を大量の遺伝子から解析したところ、ついに研究チームの大学院生が、原因と見られる遺伝子を特定したそうだ。この遺伝子には長い型と短い型が存在し、長い型が全身に発現するのに対し、短い型は皮膚のみ。指紋が欠如している9名では、短い型に変異が確認されたという。

遺伝子疾患の大半は、おおむね身体に深刻な異状を引き起こす。が、無指紋の遺伝子は発汗機能が若干低下する以外の副症状はなく、特に健康には問題が無いそうだ。

指紋は「万人不同」「終生不変」。犯罪捜査には欠かせないが、これが無いとなると…

世の中の物の大半は右利き用に作られていることへのストレスが原因⁉

左利きは右利きより9年寿命が短い

２０１２年3月7日放送の「ホンマでっか⁉ＴＶ」（フジテレビ系）で「左利きの人は右利きより9年早死にする」という驚きの情報が紹介された。

これはカナダの心理学者スタンレー・コレンが自著『左利きは危険がいっぱい』で明らかにしたもの。米カリフォルニア州で死亡時の平均年齢を調査したところ、右利きの人は75歳だったのに対して、左利きの人は66歳で、９歳もの差が出たらしい。また、左利きの人の死亡原因は、病気よりも事故死が圧倒的に多く、左利きの事故死亡率は右利きの5・3倍にのぼることもわかったそうだ。

なぜそんなに左利きの事故死亡率が高いのか。何でも現代社会は、駅の改札からハサミの形まで右利き中心に作られているため、左利きの人は知らず知らずのうちにストレスが溜まるのが要因と考えられているという。実際、車のハンドルも右利き用に作られているため、自動車事故の確率は左利きの人は右利きの3・8倍高いそうだ。

では、左利きの人が長生きするためには、右利きに直す方がいいのかというと、そうでもないらしい。左利きの人は脳の構造が少し違い、無理に右利きに変えると、吃音などの弊害が出る可能性があるそうだ。もっとも、日本では子供の頃に右利きに直す風潮があるため、利き手による死亡年齢の差はそれほどないという。

ちなみに、この調査結果は、世界的に有名なアメリカの医学雑誌『ニューイングランド・ジャーナル・オブ・メディシン』にも発表されたもので、かなり信憑性は高いようだが、左利きには、アインシュタインやエジソンなど、長寿の天歳的偉人も数多く存在する。単なる統計として捉えた方が賢明かもしれない。

左利きの偉人、アインシュタイン（上）は76歳で死亡、エジソンは84歳と、2人とも長寿だったが…

太ってる人に「太ってるね」と言うと、さらに太る

２０１４年、英国の大学ユニバーシティ・カレッジ・ロンドンが、50歳以上の男女2千９４４人を対象に調査を行ったところ、肥満に対して無遠慮な批判を受けると、体重が増加する確率が約6倍も高まることが判明したという。その原因はずばりストレス。スポーツジムでダイエットに励んでいる姿を見られたくないと運動をしなくなったり、批判されたストレスからカロリーの高いものをドカ食いしたり。実際、脳はストレスを感じるとブドウ糖を欲しがる仕組みになっているのだ。食事制限をしている場合も同様で、「食べたらいけない」「食べたら太る」と思っていると、その思い自体がストレスになり、副腎から分泌されるストレスホルモンといわれるコルチゾールの過剰分泌を促し、逆に食べてしまうのがよくあるパターンだ。いずれにしろ、他人に対して体型のことを指摘するのは厳禁。これは、痩せている人に対しても同じことが言える。

指摘してはいけない

心臓が止まっても、精子は3日以上生き続ける

人間、心臓が止まれば、血液の流れが止まり、体に栄養が行きわたらず細胞が死滅していく。つまりは「死」である。が、そのスピードは細胞の部位によって異なるらしい。最も速いのは脳細胞で、血液の流れが止まると2～3分で死滅が始まり、5分止まるとほぼ蘇生は不可能となるらしい。しかし、人間の体の中には心臓停止後、3日以上も生きていられる部分がある。男性の精子だ。精子が死ぬのは心臓が停止してから80時間以上経ってからと言われている。なんとかして子孫を残したいという本能が成せる業なのか。ちなみに、通常、精子は射精されてから5～6時間後に受精可能時間となり、36時間後まで続くらしい。つまりセックスしてから約1日半。精子自体は5～7日間生き続けるらしいが、本来の目的を果たす寿命が死んだ後の半分以下とは、何か複雑。

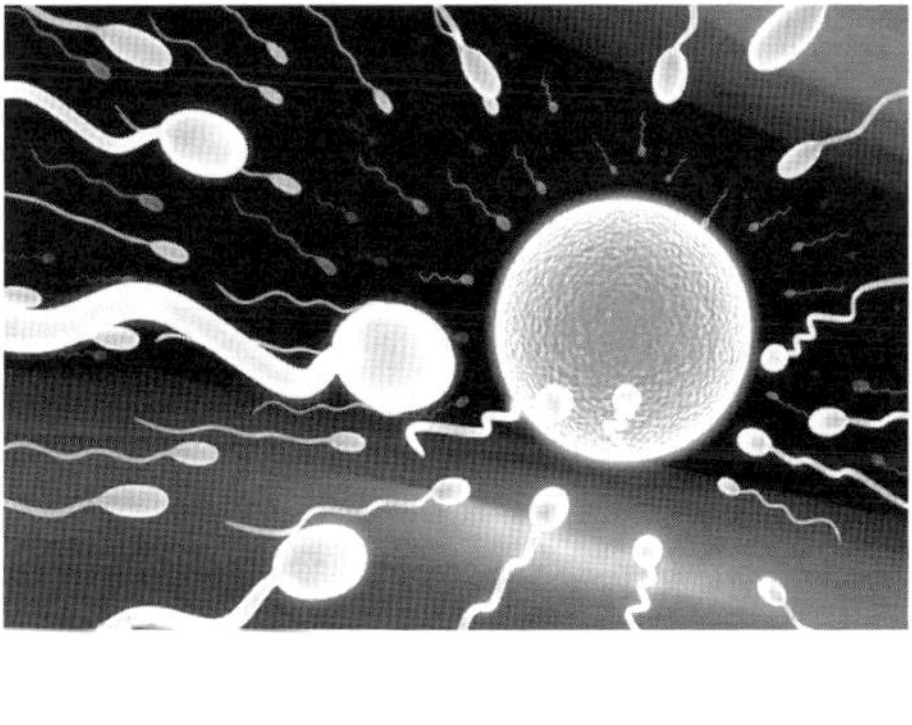

この生命力の強さは男の本能か

砂漠で最も多い死亡原因は「溺死」

砂漠での死というと、砂嵐や脱水症状、熱中症、砂を吸い込むことによる病気などを想像しがちだが、実は一番多い死因は意外や「溺死」だと言われている。なぜか。

言うまでもなく、砂漠ではほとんど雨が降らない。そのため、砂漠の砂や土は非常に乾燥しており、簡単に水を通さない仕組みになっている。そんな土地にいったん雨が降れば、ともすればゲリラ豪雨のような激しい雨となる。この水の勢いは、激しい大洪水と同じ威力があり、また雨が降ってから洪水になるまであっという間なので、気がついたら洪水に呑み込まれ、溺死してしまうケースが少なくない。実際、２００９年11月、砂漠が広い地域に広がっているサウジアラビアで、１０６人もの人が洪水によって死亡した。前記のとおり、普段雨が全く降らない地域に大雨が降り、その土壌があまりにも乾ききっていたため、水分が吸収されることなく洪水となってしまったのだ。他にも、２０１５年、世界一乾燥した地とされるチリのアタカマ砂漠で洪水が起こり、少なくとも２人が死亡、24人が行方不明になった例もある。砂漠最大の怪物は暑さでも乾燥でもなく、水なのだ。

［第4章］

知らなきゃよかった！怖いもしも

もしも人類が滅亡したら

地球に最後まで残るのはプラスチック

我々人間には、「人類の終わりは世界の終わり」に思える。が、考えてみれば地球は人類誕生の遥か以前から存在しており、人間がいなくなっても大したことはない。では、人間が滅亡したら地球はどうなるのだろうか。複数のサイトのシミュレーションを総合すると以下のようになる。

まず、人間がいなくなって数時間のうちに、世界中の明かりはほとんど消える。世界の8割の発電所が火力で動き、常に燃料を補充し続ける必要があるからだ。残った風力発電所は潤滑剤の効果がなくなるまで、太陽光発電所もソーラーパネルに埃が溜まるまでは動き続け、水力発電所は数ヶ月から数年で機能を失う。

街では2〜3日目に人力が必要だった地下水を排出するシステムが作動しなくなり地下鉄が水没。10日目くらいには動物園の動物やペット、家畜が餓死し、大型犬などは野生化。次第に野生動物と交配が始まり、どう猛化が進む。

そして1ヶ月が経つと、原子力発電所の冷却水が蒸発してしまい、福島やチェルノブイりどころではない放射能災害が世界各地で勃発。25年もすると、ほとんどの都市では道路も建物も植物に覆われ、ドバイやラスベガスのような砂漠の中の都市は砂に埋没。およそ300年後には、住宅はもちろんのこと、ビルや橋など建造物の金属が腐食して、あちらこちらで倒壊が始まる。さらに1万年後には、建造物はピラミッドや万里の長城、米国大統領の顔を刻んだラッシュモア山など石でできたものだけになり、これらも数十万年で消えていく。

人類が作り出したガラスやプラスチック片は5千万年後まで残るが、1億年も経つとそれすら無くなり、人類の痕跡は完全に地球上から消えてしまうという。ちなみに、3億年後に新たな知的生物が登場しても、かつて人類がいたことに気づかない可能性が高いそうだ。

建物は倒壊・腐食し、やがて消失する

もしも酸素が5秒間だけ無くなったら

肌はケロイド状、内耳は破裂、地表が割れ、海は蒸発

人間は、鼻から呼吸して体内の隅々の細胞にまで休みなく酸素を送り続けなければ生きていけない。とはいえ、1分ぐらい息を止めたところで何ら体に問題が無いのは周知の事実。では、仮に5秒間だけ酸素が無くなったらどうなるか。

実は人間以上に酸素が重要なのが地球で、5秒間酸素が無くなったら有害な紫外線が大量に地上に届く。平常は空気中の酸素分子が分解されてオゾン層などを形成、有害な紫外線を吸収して我々人間の肌を守ってくれているが、直接、人体に紫外線が降り注げばケロイドになってしまうほど皮膚を焼いてしまうだろう。

また、空気中の21％を占める酸素が無くなるということは、それだけ気圧が下がることでもある。飛行機に乗って耳が痛くなった経験は誰もがあるはず。あれも気圧の低下によるもので、中には鼓膜が破裂してしまう人もいる。つまり、酸素が無くなれば人間の内耳は破裂してしまうのだ。さらに今、昼中に空が青く見えるのは、大気中の酸素分子が振動数の高い青い光を散乱しているおかげだが、もし酸素が無くなれば、昼間の空は真っ暗闇

になってしまう。

　変化は地表にも現れる。地殻を形成しているうちの45％が酸素のため、世界のあちこちで地割れが発生。コンクリートで出来た全てのビルは、塵と化してしまう。酸素はコンクリートを結合する大事な役目を果たしているため、酸素がなくなった途端に崩壊し始めるのだ。さらに、水の3分の1は酸素でできているため、酸素が無くなると同時に水素が気化し始め、容積が膨張。よって海は蒸発し、酸素のない水素は対流圏に浮き上がり、最後には宇宙空間に飛び出して行く。考えるだけでも恐怖だ。

酸素が無くなれば有害な紫外線で人体は大火傷を負う

至る所で地割れが

その瞬間、全てのものが吹き飛んでしまう
もしも地球が自転を止めたら

地球は常に約8万6千秒に1回自転している。もし、それが無くなったら……。答は簡単。まず、止まった瞬間、全てのものがその場から吹き飛んでしまう。というのも、宇宙から見れば自転している我々は時速1千667キロの高速で移動しているのと同じ。例えば、電車で急ブレーキがかかると慣性力によって乗客が雪崩のごとく進行方向に流されるように、とてつもない慣性力が発生するからだ。

もし一瞬のうちに止まるなら、47Gという強力な力がかかり、建物や山を崩壊し、津波を発生させる。仮に運良く何かにしがみついて助かったとしても、さらなる恐怖が襲いかかる。強風だ。地球を取り巻いていた空気に

も慣性力がかかり、赤道なら秒速465メートル、北緯35度の東京でも秒速350メートルほどの爆風ともいうべき風に見舞われ、それこそ全てのものが吹き飛ばされてしまうだろう。

それだけではなく、1日に昼と夜があるのは自転のおかげゆえ、自転しなくなれば地球は太陽の方を向いた灼熱地獄と、反対側の極寒の地に分断。気候はもちろん陸地や海洋も現在とはかけ離れた苛酷な星に生まれ変わる。

さらに「太陽風」の問題も甚大だ。我々は地磁気によって宇宙空間から降り注ぐ太陽風と呼ばれる人体に有害なプラズマから守られている。が、自転しなくなることによって地磁気も無くなってしまえば、高濃度の放射線が容赦なく地表に降り注ぐことになる。

実は地球の自転は年に0・00015秒ずつ減速し続けており、このままなら1億8千万年後に自転が止まる計算になる。その頃、人類や現存する動物たちが生息しているかは不明だ。

異常気象が襲うことは間違いない

もしも宇宙飛行士が命を落としたら遺体はどうなる？

「遺体袋」でガチガチに凍らせて粉砕!?

ＮＡＳＡ（アメリカ航空宇宙局）が２０３０年代に人類を火星に送ることを目標にミッションを計画し、オランダの「マーズ・ワン」なる非営利団体は25年までに火星に人類初の永住地を作ることを目的に寄付金を募集。またロケットや宇宙船の開発、打ち上げを業務とするアメリカの「スペースＸ」が18年に火星への宇宙船打ち上げを発表するなど、火星での居住を前提に活動を開始する組織は多い。が、火星までは片道でも半年以上、往復では1年以上に及び、宇宙飛行中、あるいは火星で人が亡くなることも十分考えられる。そんな場合、遺体はどうなるのだろう。

ロケット内で死人が出た場合、ＳＦ映画などではそのまま無重力の宇宙空間に放出されることが多い。遺体は亡くなったときから腐敗が始まり、そのまま放置すると他の乗組員に健康上、または精神的な面で悪影響を及ぼすからだ。しかし、この「宇宙葬」は国連の決議によって禁止されている。仮に遺体を宇宙空間に投棄すれば他の宇宙船に衝突する恐れもあるし、地球人が認知しない惑星に遺体が流れ着き、地球外生物が寄生することも考えられるためだ。

　では、どのように遺体を処置すればいいのか。実は今のところ適切な世界基準は無いのだが、現状で最も興味深い案は、アメリカの葬儀会社「プロメッサ」とＮＡＳＡが共同で考案した「遺体袋」だという。寝袋に遺体を入れてロープを付けて宇宙船外に放出。と、遺体はカチカチに凍り、ロープに引っ張られて激しく揺さぶられ、粉々に砕けてしまうと推定されている。火星到着後に人が亡くなった場合、さらに事態は複雑化する。「マーズ・ワン」とＮＡＳＡは、こうしたケースを想定し、現地での作物栽培を計画、死んだ人間の遺体を作物の肥料にしようという驚きのアイデアを持っているそうだ。

遺体を船外に放り出す「宇宙葬」は国連の決議で禁止されている

もしも日本が核攻撃を受けたら

怖いのは閃光と衝撃波

「核ミサイルが永田町付近に着弾した場合、半径2・5キロが致死率90％以上のエリアになり、地域内の人間は苦痛を感じることもなく、カメラのフラッシュのような閃光を見た瞬間に消える」

これは、米国防総省の軍事シミュレーションソフトでの試算結果だ。が、たとえ爆心2キロ圏内でも地下街にいたり、堅固な建物内部にいた人は助かる可能性が高い。実際、第二次大戦で原爆を投下された広島では爆発地点から170メートルしか離れていない鉄筋コンクリートの地下1階に居て命を取り留め、その後30年以上を健康で暮らした人がいる。

仮に、中国から核弾道が発射されたと想定した場合、日本へ着弾するまでの時間は6〜7分。この間の行動が運命を分ける。何としても回避すべきは「閃光」と「衝撃波」だ。広島でもこの2つが20万人を超す死傷者を出した。核兵器＝放射線被曝と思うかもしれないが、放射線は核爆発エネルギーの5％に過ぎない。

核が爆発する瞬間に熱線が光の速度で発射され、閃光が人の皮膚を焼き、重症を負わせる。が、熱線は、外部光の入らない建物内部に居れば防ぐことが可能。熱線の後には衝撃波がやって来る。地上の人間は吹き飛ばされ、ガラスやコンクリート片が突き刺さって死亡するケースも多い。広島や長崎でも、弾丸のように飛んでくるガラス片が原因で絶命した人が圧倒的に多かったという。そこで、まずは屋内に避難、窓から離れた建物の中心部や廊下などで体を伏せ、ガラス片が突き刺さる面積を最小限にするのが重要だ。

もっとも、それだけでは熱線の熱によって起きる大規模な火災にやられてしまうので、すぐに爆発地点から脱出しなければならない。その際に有効なのが地下鉄だ。分厚いコンクリートに覆われた地下空間は閃光と衝撃波、初期被害をかなり軽減でき、核爆発が起きても安全が確保される。放射線が蔓延した地上を彷徨うより、地下鉄で遠方に逃げるべし。

米国防総省は、着弾地の半径2・5キロが致死率90%以上のエリアになると予想

もしも首都圏直下型地震が発生したら

93％の電車が脱線、地下鉄構内は窒息状態に

首都直下型のM8クラスの巨大地震は、約200年周期で発生し、80〜100年の〝静穏期〟を経て再び活動期に入るという。1923年の関東大震災から現在までが静穏期だとすると、そろそろ活動期に突入、いつ巨大地震が起きても不思議ではない。

では、いざ東京で直下型巨大地震が発生したらどうなるのか。政府のシミュレーションでは震度6強で運行している列車の23％、震度7なら93％が脱線し、東京の交通網はほとんど麻痺してしまうそうだ。特に怖いのが「火災旋風」だ。これは炎と旋回流が相互作用して起こる炎の竜巻のような現象で、ビルが密集している所で起きやすく、東京直下型地震では火柱の高さ200メートルにもなると予想されている。関東大震災の際、せっかく避難所に逃げ込んだ4万人のうち3万8千人がこれに巻き込まれ命を落としている。

地下鉄の施設は緊急時に備え、停電が発生した際には予備電源を作動させることが義務づけられており、一見、安全に思える。しかし、地上は帰宅困難者などでひしめき合い、簡単に外に出ることができなくなる。さらに予備電源は保って40分、その後、構内は完全

停電に。全ての空気の循環が滞り、二酸化炭素の濃度が急上昇する。このような状態が長時間続けば、人間は高炭酸ガス血症になり、めまい、頭痛、そして意識障害や昏睡状態に陥るらしい。

　もし地震が平日正午に発生した場合、首都圏で最大989万人が帰宅困難になる。その人たちを自宅に送り届ける手段として主にバスを使うと「最大6日」かかると内閣府は試算。だが、様々な困難を乗り越え帰宅しても住宅は倒壊、全半焼しているかもしれず、ゼロメートル地帯を中心に2週間以上の浸水が続く可能性が大。電気、ガス、通信などのインフラは地下にあるため首都機能が1週間以上はストップするとも言われている。

〝その時〟はいつ訪れてもおかしくない

もしも日本と中国が戦争状態に陥ったら

アメリカの助けを得られず、5日で日本が敗北

軍事問題の分析で知られるアメリカの「ランド研究所」のシミュレーションによれば、日本は尖閣諸島をめぐる中国との戦いにおいて5日間で敗北。最終的に米中戦争を引き起こす可能性が高いが、アメリカはこの戦いを無視すべきという結論を導いた。

具体的な予測は以下のとおりだ。

〈1日目〉日本の右翼活動家が尖閣諸島の魚釣島に上陸して日の丸を掲揚。その様子を動画サイトに投稿して中国を挑発。中国はただちに海警を送り込み、全員を逮捕・拘束する。

〈2日目〉日本は周辺海域に護衛艦や戦闘機を展開。中国側も海軍艦艇を展開し、一触即発状態に。日本は防衛義務を果たすように要請、アメリカは受諾。日本側の要請に応じて、米駆逐艦を日本海にも展開して尖閣諸島周辺には攻撃型潜水艦を送り込むも空母は横須賀から西太平洋に避難。

〈3日目〉中国の海警が日本の漁船と衝突して沈没させたことで事態はエスカレート。海上保安庁が放水等で対抗。中国のフリゲート艦は30ミリ機関砲を空自機に対して発砲、こ

れに日本側も応戦。結果、中国側が航空機と対艦ミサイルで反撃し、1隻の日本側の艦船が撃沈し、500人が戦死。日中の外交チャンネルは一切機能しなくなり、日本政府はアメリカにより支援を要請。しかし、アメリカは米中戦争を避け、中国への警告のため米潜水艦による中国軍艦艇への魚雷攻撃を選択。結果、中国軍の駆逐艦2隻を撃沈、中国軍の水兵数百人が戦死する。

〈4日目〉中国側も米中の本格戦争を避けつつアメリカに痛みを与えることを決断。米国の送電システムに埋め込まれている破壊工作ソフトウェアを起動し、ロサンゼルスとサンフランシスコを停電に追い込み証券取引所の自動取引システムを操作、何百億ドルもの損害を与える。さらに米国債の売却をほのめかし、急激なドル安へと追い込む。

〈5日目〉中国軍は尖閣諸島周辺の海自艦艇に対して、弾道・巡航ミサイル中心の攻撃を継続。24時間で海上自衛隊は戦力の20％を喪失。同時に中国は日本経済への攻撃を開始。日本の脆弱な送電システムを作動不能に追い込み、重要なジェット燃料の精製所を爆破する。日本は再びアメリカに支援を嘆願するもアメリカ側は全てを拒否。代わりにアメリカ軍の潜水艦と航空機を増派し、海自の撤退を支援。この海自部隊の撤退を以てゲームは終了。中国は尖閣諸島を確保する。

つまり、日米安保条約があろうと、中国のサイバー攻撃および大量の弾道・巡航ミサイル等による奇襲能力は対抗不可能。これが結論だ。

もしも富士山が噴火したら

交通網マヒ、大停電、給水停止

２０１５年５月29日に発生した口永良部島《くちのえらぶじま》・新岳の爆発的噴火以降、箱根山や桜島、霧島山などの警戒レベルが強化されている。中でも、いつ噴火してもおかしくないと言われているのが富士山だ。

直近で富士山が噴火したのは１７０７年の「宝永大噴火」である。調査によると火山の噴火と巨大地震には密接な関係があり、噴火が起きたのは、Ｍ８・６〜８・７と推定される宝永地震の49日後のこと。実は１９５０年以降、世界で７回起きているＭ９クラスの地震では、４年以内に近隣の複数の火山が噴火しており、例外は東日本大震災だけだ。ただ、産業技術総合研究所などのチームに

東日本大震災の影響で、噴火は秒読みとの予想も

よるデータ解析では、東日本大震災で最もダメージを受けたのは東北地方の地殻ではなく、富士山をはじめとする火山帯と推定されており、富士山の噴火が秒読みに入ったとの見方もある。

富士山が噴火し始めると、火口から100キロメートル圏内なら火山灰の被害は免れず、寛永大噴火と同規模の場合、高度2万メートルまで真っ直ぐ立ち昇った噴煙は偏西風に乗ってわずか2時間で東京に到達。東京湾周辺にある火力発電所は火山灰で故障し、送電線に降灰すれば高圧線が漏電して大停電を引き起こす。結果、東京は交通網もマヒし、ネットも使えなくなる可能性が大。さらに水源地に降り注ぐ火山灰の影響で給水は停止。内閣府は200万人前後が水道を利用できない事態を想定しており、水道が復旧しても火山灰の除去作業には大量の水が必要なため、水不足がそのまま続く。

首都圏の旅客と物流を担う羽田空港と成田空港は長期間にわたって使用不能となり、電車も車輪とレールの間に灰が挟まり動作不能に。さらに地下鉄も吸排気口を通じて外部からの空気を取り込む仕組上、構内にも火山灰が入り込むと考えられている。自動車も被害は免れない。火山灰は雪よりも重く、水に濡れて固まったりスリップの原因になるので道路に数センチ積もるだけで走行は困難。しかも、火山灰はエンジンのフィルターを詰まらせてしまうため、道路上には走行不能となった多数の車が立ち往生する可能性が高い。

いざというときに備え、防塵マスクとゴーグルは常備しておいた方が良さそうだ。

憲法の理念から、二度目の執行はありえない

もしも死刑を執行して死ななかったら

2013年、イランでとんでもない出来事が起きた。麻薬密売の罪で死刑を言い渡されていた男性（当時37歳）に絞首刑を執行。遺体安置所へ運ばれ、医師の死亡鑑定を受けたにもかかわらず、翌日、息を吹き返したのである。当初、イラン政府は男性に対し再度刑を執行することを決定したが、アムネスティ・インターナショナル（人権擁護団体）などの呼びかけもあり、改めて終身刑を言い渡したそうだ。

このように、いざ、死刑を執行して失敗したら、どうなるだろうか。

実は日本にも実例がある。世に言う「石鐵《いしづち》県死刑囚蘇生事件」だ。明治5年、今の愛媛県で文明開化の政策に反感を持った住民たちが、廃藩を撤回するよう、暴徒化して庄屋や組頭の家を襲撃した。この騒動の首謀者の1人として田中藤作（当時31歳）という男性に死刑が宣告され、松山の監獄で絞首刑が執行されたのだが、その後、家族が遺体を背負って家に運んだところ、なんと蘇生したのだ。当時の執行方法が「絞柱」という器具（縄をかけ、その縄の先に約75キロの重石を吊り下げて絞首する仕組み）で、処刑具としては不

完全であったため仮死状態になり、自宅まで荷車で運んだ際の衝撃が心臓マッサージのようになったのが原因ではないかと推測されている。果たして、男性は「法に従って執行をしたので、再び執行する理由は無い」として、戸籍を回復させたそうだ。

では、現在の日本で同じような事態が生じたらどうなるか。今の処刑手段は絞首刑で、執行後の体は一定時間（30分が慣例）そのまま置かれる。蘇生する可能性はほぼ皆無だ。死亡しなかった場合について法曹界や国会で論議された記録は見つからない。しかしながら、万に一つ蘇生した場合は、おそらく過去に前例があることに加え、一度死刑が執行された者に対して再度執行することは、①残虐な刑罰を禁じた日本国憲法36条、②二重処罰の禁止・一事不再理を定めた日本国憲法39条の理念に反すること、さらに死刑廃止が世界の趨勢であることからも、二度目の執行は無いものと推測される。

2013年、死刑から蘇生したイラン人男性の処刑場面

自己破産して「免責」を受ければチャラになるが…

もしも借金を返さないまま放置したら

消費者金融やクレジットカードの借金など、返さなければならないお金を期日までに払わず、さらに催促の連絡も無視し続けたらどうなるのだろう。

ネット上には、「借金は返せないならそのままにしておけばいい。連絡もしてはいけない」などと書いてあったりするが、鵜呑みにすると痛い目に遭う。督促状や電話でラチが明かなければ、業者は自宅を訪ねてくる。勘違いをしている方が多いが、現在の法律では債権者が訪問するのは禁止されておらず、午後9時以降~午前8時以外の時間なら直接やってきても何ら問題は無い。

たいていはこの段階で、「今後、遅れることなく支払います」という誓約書と、交渉で決めた月々の返済額と返済回数を記入した返済計画書を交わして決着がつく。たとえ、強面の取り立て屋でなくとも、何度も家に借金取りに来られては、家族や近所の手前があるからだ。

それでも取り合わずにいれば、業者は滞納開始から2~3ヶ月後に裁判所に訴える。会社員なら「給料の差押え」、返済が難しそうな場合は「全額返金」を請求。債務者には、裁判所からの出廷命令が届くことになる。これを無視して裁判所に出廷しなければ、業者側の一方的な勝利となり、裁判所は滞納者へ「支払いなさい」と判決を出す。

ただし、会社員ならここまで引き延ばす前に返済せざるをえない。滞納者の給与から強制的に借金を回収する「差押え」となれば、当然ながら滞納者の会社に通知されてしまい、居づらくなるのは必至である。一方、無職で物理的に返せない場合、放っておくとどうなるか。この場合、法律上は裁判所の判決が出てから10年で時効となるが、業者も時効中断手続きで対抗してくるだろう。

唯一の借金から逃れる方法は、生活保護を受け、自己破産すること。「免責」によって、チャラになる可能性は高い。

消費者金融の督促をナメたら痛い目に

もしも地球上からハチがいなくなったら

「もし地球上からハチがいなくなると、人間は4年以上生きられない」

そう言ったのは、かの天才物理学者アルバート・アインシュタインである。

ハチは毒針を持っていることから危険な存在と認識されがちだが、ミツバチは野菜や農作物の受粉を仲介する。一説には、人類の食料の3分の1は食物に依存しており、ミツバチはこれら食物の80%に関わっているらしい。それが昨今、全米50州のうち25州でミツバチが消えたと大騒ぎになっている。ヨーロッパではすでに使用中止になった化学合成農薬「ネオニコチノイド」が原因ではないかといういう（日本では未だに使用されている）。たとえ、ミツバチがいなくなっても他の虫もいるし、穀類は風が媒体となる。人類が滅びることもないだろう。アインシュタインが言いたかったのは、ミツバチが生きられなくなった地球の行く末だったのかもしれない。

人類の食料の80%に関与する重要な生き物

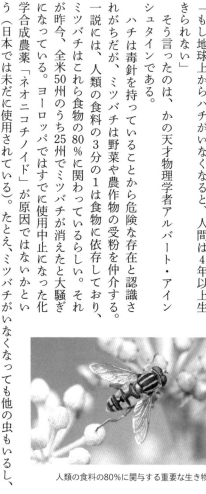

［第5章］

知らなきゃよかった！ 怖い、心理実験

ロフタスの虚偽記憶実験

人の記憶はいとも簡単に捏造される

我々は自分の記憶にあることは全部正しいと思い込んでいる。が、人間の記憶ほど曖昧なものはない。それを証明したのが米ワシントン大学の心理学者エリザベス・ロフタスだ。1993年、彼女が科学誌『アメリカン・サイコロジスト』に発表したのは「人間の記憶は作り出すことが可能」という実験結果だった。

実験のきっかけは、当時、幼少の頃に虐待を受けたとして子供が親を訴える事件が頻発したことにある。被害者たちはセラピストの治療によって抑圧されていた虐待の記憶を思い出して行動を起こすケースが多かったのだが、ロフタスはこれに疑問を感じる。もしかしたら、被害者らはセラピストの示唆によって偽の記憶を植え付けられたのではないか？

ロフタスは24人の成人の被験者を集めて、あらかじめ当人の家族から彼らの幼少時代の話を聞き出したうえで、実際にあったエピソードに「5歳のときショッピングモールで迷子になった」という架空の話を加え、それを書き込んだ冊子を用意。被験者に読ませ、記憶に無い場合は正直に書き込むように指示した。

果たして、被験者の25％が架空のエピソードも自分が体験した本当の記憶だと思い込んでしまう。しかも、架空の記憶に付随し、当時の心情やモールの様子、持っていたタオルの記憶までもが当人の中で揺るぎない事実となっていた。

　その後に行われた他の実験でも、本来は覚えていないはずの誕生直後の偽の記憶なども自分の体験だと思い込ませることも可能で、さらには「子供の頃に猛獣に襲われた」という大事件さえ、誘導や示唆しだいで半数以上の被験者に本当に自分の体験だと思い込ませることができると判明した。

　人間の記憶は、いとも簡単に捏造される。そして、それが真実なのかウソなのかを確認するのは非常に困難である。

ロフタスの実験は「ショッピングモールの迷子」と呼ばれる

研究結果を発表するロスタフ。彼女の実験は臨床の現実性に即していないという批判も少なくない

アルバート坊やの恐怖条件付け実験

「恐怖心」は幼少期の刷り込みで作られる

1919年、アメリカで行動主義心理学を創始した心理学者ジョン・ブローダス・ワトソンが、人間の恐怖に関する実験を行った。被験者は当時、小児病棟で授乳していた女性の生後11ヶ月になる男児で、名をアルバートと言う。予備検査によって、アルバートは大きな金属音を聞くと怯えて泣き出す一方、ネズミやウサギ、犬などの小動物は怖がらないことがわかっていた。

実験はまず、アルバートの前にシロネズミを置き、彼が触ろうとした瞬間に、背後で鋼鉄の棒をハンマーで叩く試みから始まった。結果、アルバートは大きな音に驚いたものの再びネズミに触ろうとし、そこでもう一度大きな金属音を鳴らすと、今度は大声で泣き出した。1週間後、再び同じ実験を5回繰り返し、さらに5日後にも実験を行おうとしたところ、アルバートはシロネズミを見ただけで逃げ出すようになる。もともとネズミには抵抗が無かったのに、大きな金属音とともにネズミを認識することで、恐怖を感じるようになったのだ。さらに、アルバートは実験後、ウサギや毛皮のコートなど、ネズミに似た特徴を持つものまで怖がるようになったという。

ワトソンはこの結果を受け、「人間が抱く不安や恐怖の多くは、この実験のように幼少期の経験に由来している」と結論づける。つまり、恐怖や嫌悪などの感情は、生まれついての本能に組み込まれているわけではなく、後の刺激によって情緒的反応が生まれ、繰り返し刷り込まれることで体系づけられるのだ。

被験者になったアルバート坊や

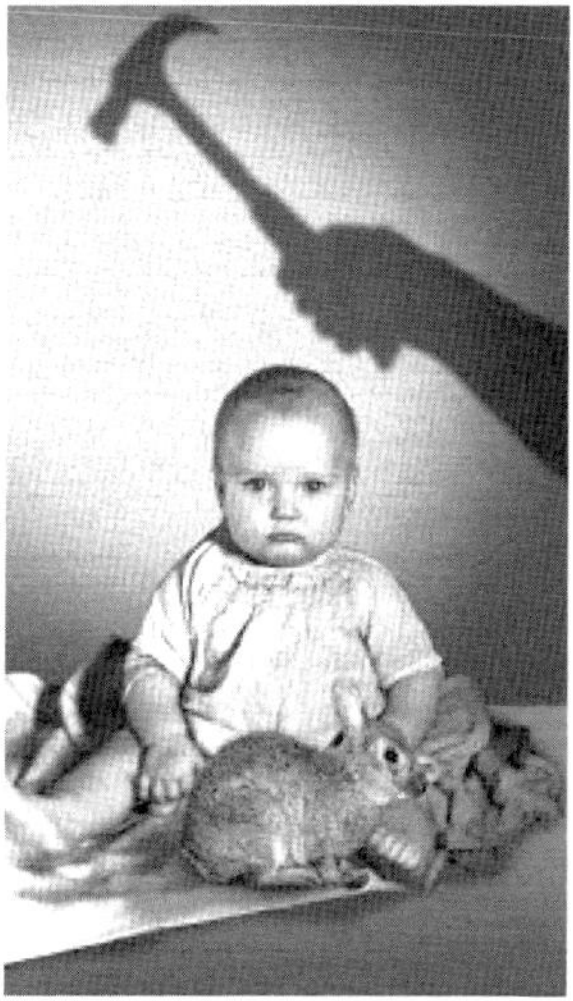

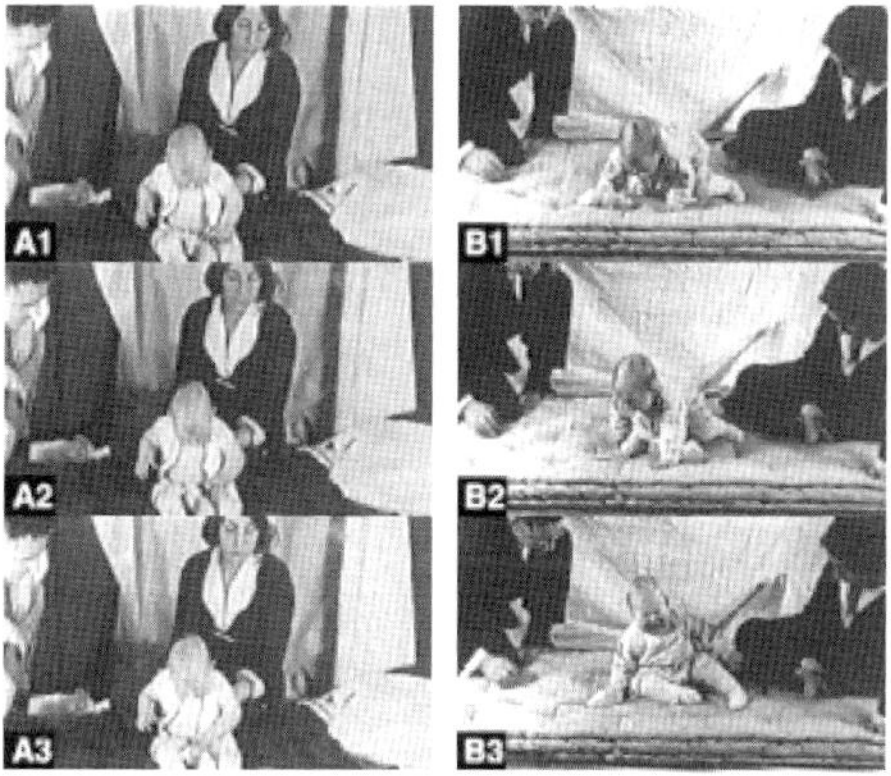

実験の様子。アルバートは、最初は怖がらなかったネズミに金属音を加えることにより、見ただけで泣き出すように

不安にかられているとき人は騙しに遭う

シャクターの親和欲求実験

人間は、どうしていいかわからない不安に駆られたとき、家族や親しい友人などと一緒にいたいと願うものだ。この感情を心理学用語で「親和欲求」と呼ぶ。１９６０年代、米コロンビア大学の心理学者スタンレー・シャクターが、これを立証するため、同大学の女子大生を対象に一つの実験を行った。

被験者を電気ショック装置が置かれた部屋に案内し、白衣を着た男が言う。

「これから電気ショックの心理学的効果を調べる実験に参加していただきます。かなり痛いかもしれませんが、肌を傷つけたり直接人体に影響を及ぼすことはありませんから、安心してください」

白衣の男は無表情に続ける。

「実験の準備をするまで別室で待っていてほしいのですが、もし、あなたが誰かと一緒に待ちたいなら、それでも構いません。もちろん、一人で待ってもらっても結構です。どうしますか？」

実験は、電気ショックを与えることが目的ではないので、どういう状態で待つか回答を得られた時点で終わる。果たして、3分の2の被験者が自分と同じ境遇にある人と一緒にいることを望んだ。つまり、「これから何をされるかわからない」という不安な気持ちになっていた女子大生の多くに強い親和欲求があったのだ。

何でもない実験のように思えるが、こうした人間の心理に付け込むのが詐欺商法だ。特に狙われやすいのが一人暮らしの老人で、将来の不安をかかえた彼らは強い親和欲求を持ち、誰かそばにいて欲しいと願っている。そんなとき、電話や訪問で優しい言葉をかけられ、子供や孫のように接してくれる人間がいたら、つい心を許してしまうのだ。親和欲求は、善にも悪にも転ぶ感情である。

一人暮らしの老人が抱く不安が親和欲求を呼び起こす

愛情無しに育てられた子供は大人になっても我が子を愛せない

ハーロウの愛情行動実験

1950年代後半、米ウィスコンシン大学で霊長類の研究を行っていたハリー・ハーロウは、ある日、母ザルから引き離された子ザルが、哺乳瓶よりタオルを取り上げたとき猛烈に鳴き叫ぶことに疑問を感じる。それまでの学説では、サルが母親へ示す愛情は栄養を与えてもらうことへの代償行為と考えられていたからだ。

ハーロウは独自の実験を試みる。生まれたてのアカゲザルを母親から隔離し、代理母となる人形を二つ与える。一つは授乳は可能だが針金でできたもの、もう一つは授乳できないが円筒形のダンボールに柔らかなタオルを巻いたものだ。

果たして、子ザルの赤ん坊がすがりついたのはタオル人形の方で、針金人形にはお腹が空いたときしか近づかなかった。これにより、愛情は食事からくるという定説は覆り、新たに皮膚感覚の接触から生じるという理論が成立した。

ハーロウはこの結果を踏まえ、愛情育成に母性は必要無く、柔らかい布地さえあれば良いという結論を打ち出すが、それは後に大きな誤りだったことがわかる。実験開始から1、

2年後、代理母によって育てられた子ザルが異常なまでに恐怖心を抱いたり、暴力的になるという現象が発生したのだ。中には自分の腕や指を噛みちぎる子ザルまでいたという。

これは母親人形の体を揺らせるよう改良したり、1日に30分、他の正常なサルと遊ばせることで少しは発達改善が見られたが、ハーロウはここでも疑問を持つ。異常な環境で育った子ザルが母親になったらどうなるのか？

そこで、代理母で育てられた処女のメスザル20頭を集め、無理矢理交尾、妊娠・出産させたところ、多くの母ザルが我が子に無関心だったり殺したりで、適切に子育てできたのは数頭しかいなかった。

ハーロウの実験は動物擁護の観点からは大きな問題を抱えているが、彼の研究が重要なのは、その結果が人間にも当てはまる点だ。後の研究で、子供の頃に十分な愛情を受けずに育つと、親になった際、育児放棄や我が子への虐待を犯しがちになることが明らかになったのだ。

ハーロウと、実験に使われた生まれたてのアカゲザルの子供

子ザルは針金で作られた代理母（右）より、タオル地の代理母に執着した

ヘッブの感覚遮断実験

五感を奪われると人間は3日で気が狂う

　1951年、カナダの心理学者ドナルド・ヘッブが「感覚遮断」なる実験を試みた。完全に感覚のインプットを遮断されると、脳が効率的に機能しなくなるというかねてから温めていた持論を実証しようとしたのだ。

　ヘッブは日給20ドルの報酬で被験者となる学生を集め、彼らに半透明のゴーグルを着け、手に厚手のグローブ、さらに耳栓をするなどして何も無い部屋に放置、観察データを取った。反応はすぐに現れる。まず最初に注意力が散漫になり、思考能力が低下。さらには70%の被験者が、幻聴や幻覚を訴え、誰一人として3日もこの生活を続けることができなかった。すなわち、人間は刺激（ストレス）無しには生きられないのである。

　感覚遮断実験はこの後も様々なバリエーションで行われている。54年、アメリカの脳科学者ジョン・C・リリーは温覚や上下感覚をも奪える「アイソレーション・タンク」なる装置を用いて実験を試みた。暗幕マスクをかぶり、どっぷりと水に浸けられた被験者は、実験開始からほどなく、独り言を言う、口笛を吹く、歌を唄い出すなどの奇異な行動を取った後、幻覚を見て精神に異常をきたすようになった。そして、感覚遮断から解放した後に計算や方向感覚などのテストを行うと、著しく能力を低下させていた。

ちなみに、このアイソレーション・タンクは、南極基地や宇宙船など情報が限られた環境での探査の準備用に作られたものだが、装置の開発者であるリリーをモデルにした79年のアメリカ映画「アルタード・ステーツ／未知への挑戦」が公開されると一般にも流行。近年はこの感覚遮断状態が1時間程度ならストレスや不安を軽減し、線維筋痛症の痛みや睡眠を改善することが認められ、心理療法や代替医療、アスリートのイメージトレーニングなどにも用いられている。

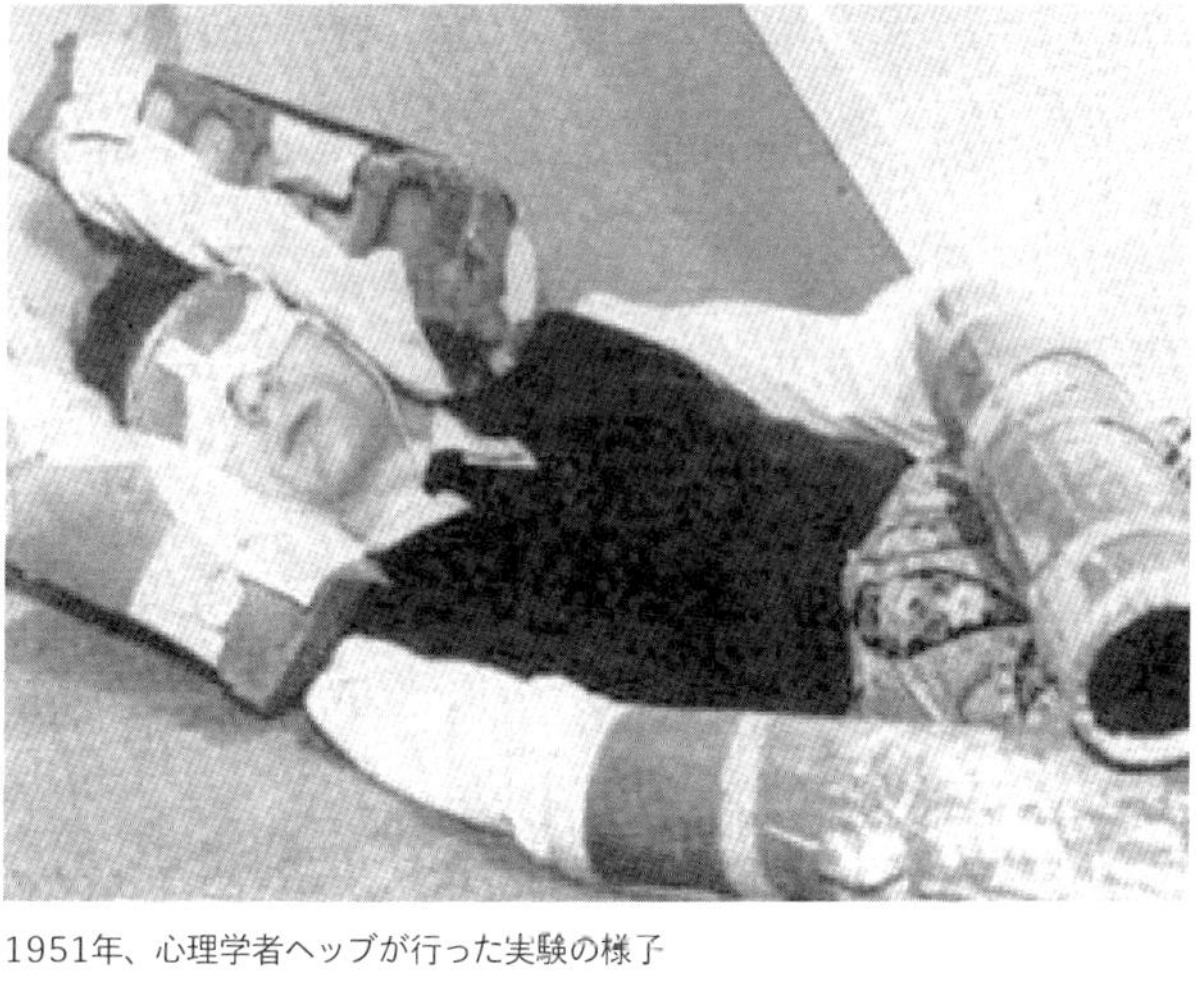

1951年、心理学者ヘッブが行った実験の様子

ミシェルのマシュマロテスト

人の将来は幼少期の自制心で決まる

1972年、米スタンフォード大学の心理学者ウォルター・ミシェルが、大学内の幼稚園に通う186人の4歳児を対象に一つの実験を行った。

子供たちを椅子と机だけ置かれた部屋に通し椅子に座らせる。机の上には皿にのったマシュマロが一つ。実験スタッフは子供たちにこう言って部屋を出て行く。

「そのマシュマロは君にあげる。私が戻ってくる15分後まで食べるのを我慢していたら、マシュマロをもう一つあげよう」

大人がいない場所で、彼らはどう反応するのか。これは、子供たちの自制心を測るテストだった。結果、マシュマロを眺めたり触ったりしているうちに我慢できなくなって食べてしまった子供が3分の2。残りの3分の1が、マシュマロから目を逸らすなどして誘惑に打ち勝った。

それから16年後の88年、テストに参加した子供たちの追跡調査が行われた。実験で、マシュマロを食べた子と食べなかった子それぞれが20歳になった時点で、何らかの差が出ているのか否か。結果は歴然だった。食べなかった被験者は、食べた被験者に比べて社会的成功度が高く、周囲から優秀であると評価され、大学進学適性試験においても２１０ポイント以上も上回っていた。実験当時のＩＱテストでこれほど大きな差は無い。つまり、幼少期におけるＩＱよりも自制心の強さが将来の成長に大きく影響していたのだ。

これを裏付けるかのように、彼らの大脳を撮影したところ、集中力に関係のある腹側線条体と前頭前皮質の活動に明らかな違いがあることが判明する。もちろん、自制心のあった被験者たちの方が活発的だった。

23年後の２０１１年にも追跡調査が行われ、この傾向は彼らが40歳を越えても継続していることがわかっている。要は、幼少期に適切な自制心を養えるか否かが後の人生を大きく左右するというわけだ。

実験の様子。最初はためらっているものの３分の２の子供がマシュマロを口に

ローゼンハンの精神医学診断実験
精神病院の医者は偽の患者を見抜けない

1975年に公開されたアメリカ映画「カッコーの巣の上で」は、刑務所から逃れるため精神異常を装い病院へ入院した男が、患者の人間性までを統制しようとする医者たちから自由を勝ちとろうと試みる物語だ。劇中でジャック・ニコルソン演じる主人公は、向精神薬を飲んだふりをするなどして精神病患者を演じるが、看護師らは彼の詐病に一向に気づかない。実際、現実の精神病院でもこのような行為が可能なのだろうか。

それを証明するかのような実験が映画公開の2年前の73年、アメリカで行われた。心理学者デヴィッド・ローゼンハンは8人の友人に幻聴が聞こえるふりをさせ、病院へ送り込んだ。医者がウソを見抜けるかの検証である。

果たして、5つの州の別々の病院で受診した彼らに下された診断は、全員が躁鬱病、もしくは統合失調症だった。そしてこれまた例外なく、最短で7日、最長で52日間も入院させられることになる。ちなみに、退院の際も一様に「回復」ではなく「緩解」、つまり病気には変わりはないが、一時的に症状が落ち着いていると判断されたという。

　この結果を、ローゼンハンが「狂気の場で正気であることについて」と題した論文にまとめ、科学雑誌『サイエンス』に投稿したところ、多くの精神病院から猛烈な反論が寄せられた。その中に「これから3ヶ月以内に、どれだけ多くの偽患者を送り込んでも必ず見破ってみせる」と豪語した病院があり、3ヶ月後、「41人の偽患者を確認できた」と発表する。が、その間、ローゼンハンは1人の偽患者も送り込んでいなかった。

　この実験は、精神医学がいかに曖昧なものであるかを如実に物語っている。

実際に、精神病を装い病院へ送り込まれた被験者たち

映画「カッコーの巣の上で」は、精神病を装った男（ジャック・ニコルソン。写真中央）が主人公

「チェンジ・ブラインドネス」実験
人間は話す相手が変わっても気づかない

「お見せする写真の一部が少しずつ変化します。さて、どこが変わったでしょうか？」

クイズ番組でよく見かけるこの手の問題。例えば、ページ下・左の写真が最初に出て、徐々に右のように変わったとしても、なかなか気づきにくい。集中していても時間がかかり、無意識ならなおさら変化はわかりづらい。なぜだろう？

人間が得る情報の80％以上は視覚によるもので、自分で見ているものは間違いないと思い込みがちだ。が、実は途中で視覚的な変化があっても気づけないことが少なくない。こうした変化の見落としを「チェンジ・ブラインドネス」と呼ぶ。

左と右は明らかに違うが、段階を踏んで変化（男女が入れ替わる）させればなかなか気づきにくい

よく知られた実験では、地図を片手に道を尋ねる、というものがある。若い男性の実験者が白髪の被験者を捕まえ道の説明を受け始めたところで（ページ下・①）、実験者と被験者の間を縫うように大きな看板を持った作業員が通過（②）。その瞬間、実験者が看板の後ろに隠れていた別人に入れ替わる（③）。が、被験者はその入れ替わりに全く気づかず、道の説明を続ける。

この実験では、特に実験者を似せようとしなくても、服の色などに大きな変化がない限り多くの被験者が気づかないことが判明している。人は視界に入っているもので も、意識している物（この場合は地図）は変化に気づけるが、さほど意識していない物（実験者の顔）の変化は見落としてしまうのだ。

Aの男性が道を尋ねてる途中で看板が横切りBに入れ替わる。被験者は同一人物だと思って疑う様子はない

ショッピングモールでの迷子反応実験

イギリスの大人が、困っている少女を助けない理由

２０１４年、イギリスのテレビ局「チャンネル５」が、買い物客で賑わうロンドンのビクトリア駅近くにあるビクトリアプレイス・ショッピングセンターで一つの社会実験を行った。

７歳と５歳の姉妹が、人通りの多いモールのアーケードで母親を探すようなそぶりを見せる。２人は別々の場所におり、どちらも寂しげな表情で周りを見渡している。さて、この少女を見て、人々はどんな対応をするのだろうか？

１時間にわたって行われた実験で、姉妹の横を通り過ぎた人数は６１６人。この中で彼女たちに声をかけたのは１人だけで、残りは見て見ぬふりだった。

5歳の少女がこんな姿で路上にいても、誘拐犯に疑われないよう誰も声をかけない

声をかけた唯一の人間は老婆で、彼女は番組の取材にこう答えている。

「迷子になったに違いないと思ったけど、いったんは通り過ぎました。でも、念のためと戻ってきたら、そこにまだ彼女がいたので、思い切って声をかけてみました。すごくためらったけれど……」

驚きなのは、救いの手を差し伸べた彼女でさえ「ためらった」という事実だ。実は、イギリスは幼女の誘拐大国で、00年7月に誘拐・殺害された当時8歳のサラ・ペインちゃんの事件がきっかけで、11年、小児性犯罪の前歴がある人物の住所や名前などを閲覧できる「サラ法」が成立。それでも誘拐は後を絶たず、14年には、ある犯罪組織が過去16年間で1千400人もの子供を誘拐、性的虐待を行っていた衝撃の事実が発覚している。

少女に声をかけたら、誘拐犯として疑われる――。イギリスのナーバスな社会通念が、迷子を救えない状況を生み出したことは間違いない。

7歳の姉の前を、誰もが見てみぬふりで通り過ぎていく

シャメイ＝ツォーリのシャーデンフロイデ実験

人の不幸を喜ぶ感情は生後2年で芽生える

他者の不幸、悲しみ、苦しみ、失敗を見聞きし際に生じる、喜び、嬉しさといった感情をドイツ語で「シャーデンフロイデ」（恥知らずの喜び）という。日本で呼ぶところの「人の不幸は蜜の味」だ。

２０１５年、イスラエル・ハイファ大学心理学科の教授シモーヌ・シャメイ＝ツォーリが、母親とその２歳から３歳までの子供、さらには子供の友達という３名から成る35組を対象に、このシャーデンフロイデに関する実験を行った。

被験者の母親は、事前に２つのシナリオのどちらかを演じるよう指導されていた。１つは「平等」な状況を表すもので、母親はまず子供たち同士で遊ばせ、それを２

「ざまあみろ」の感覚は人間の本能

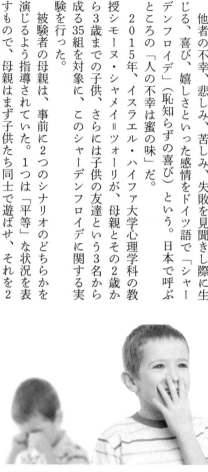

分間放置した後、さらに2分間黙って1人で読書する。2つ目は「不平等」な状況を表し、母親は自分の子供の友達の方だけを膝にのせたうえで、その友達に読み聞かせるように本を読む。どちらのシナリオでも母親は最後に本の上に誤ってコップに入った水をこぼし、その際の実子の反応を見るのが目的だ。

実験の結果、「不平等」な状況に置かれた実子は、水がこぼれたときに飛び上がったり手を叩いたりして喜んだという。が、「平等」な状況では同じような喜びのリアクションは見られない。つまり、シャーデンフロイデは「不平等」「不公平」に対する人間の自然な反応であり、その感情は2歳にしてすでに生まれていたことが判明したのだ。

ちなみに、シャメイ＝ツォーリは、2歳児が人の不幸を喜ぶと考えるとイヤな気分になる人もいるかもしれないが、実際はシャーデンフロイデは年齢とともに軽減するもので、「成長のごく正常で健康な過程」と結論づけている。

イジメや差別も、シャーデンフロイデから生まれる

セリグマンの「学習性無力感」実証実験
監禁事件の被害者が逃げない心理

マーティン・セリグマンは「学習性無力感」の実証で有名な心理学者である。これは、長期にわたってストレス回避が困難な環境に置かれた人は、その状況から逃れようとする努力すら行わなくなるという理論で、10年間の研究から確立されたものである。

セリグマンが思いつきで犬を使った実験を始めたのは、まだ学生だった1967年のこと。彼は犬を次の3グループに分類した。

①何の制限も与えない。
②電気ショックを回避できない部屋に閉じ込める。
③足でボタンを押すと電気ショックから回避できる部屋に入れる。

実験のシステム

電流が流れる
ことを予告する
電流を流せる
仕掛けの床
ここにいると
電気ショックが流れる
こちらに移動すると
安全になる

続いて、それぞれの犬を低い壁で仕切った部屋（右ページのイラスト参照）に入れ、各シチュエーションで犬が危機にどう対応するか観察する。結果は次のとおりだ。

①と③の犬は、少しの学習で壁を飛び越えれば電気ショックを受けないことに気づいた。が、②の犬は、自ら行動せず、そのまま電気ショックを受け続けてしまう。いかに努力しても苦難から逃れられないことを学習し、無気力状態に陥ってしまったのだ。

やる気と、新しいことを学ぶ力を奪い、情緒的な混乱を生み出す「学習性無力感」。これは我々人間にもみられる。約9年間にも及んだ新潟少女監禁事件（2000年）や、埼玉少女監禁事件（2016年）が発覚した際、世間はなぜ少女たちが逃げなかったのか不思議がった。監禁されていた部屋は施錠されてなかったのに、どうして？

この疑問の答が「学習性無力感」だ。少女らは誘拐された当初、日常的に脅しや暴力を振るわれ、常に監視状態にあった。どんなに抵抗しても無駄。深い絶望が逃走の意志を完全に奪い去ったのだ。

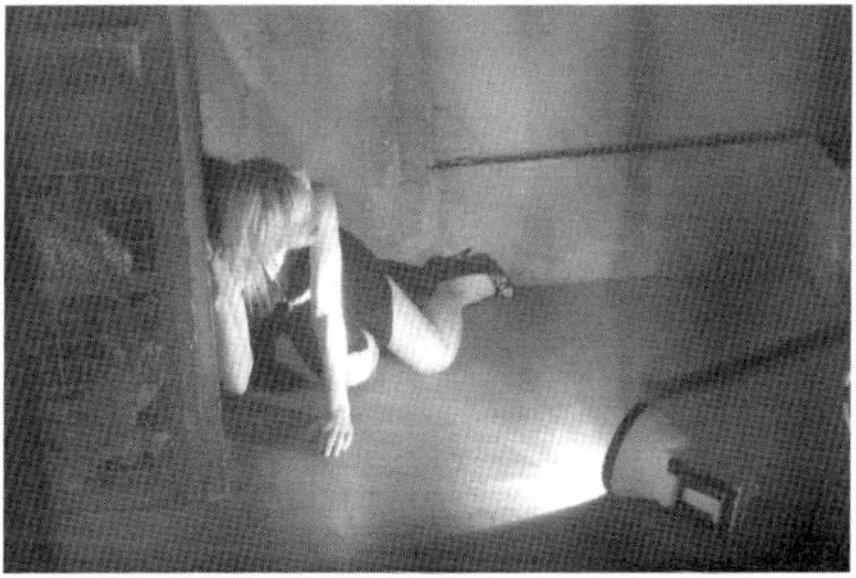

学習性無力感の治療には、本人が成功し得る簡単な課題4回、高い目標課題1回の計5回を繰り返し与える「再帰因法」が有効とされている（写真はイメージ）

ダーリーとラタネの「傍観者効果」検証実験

目撃者が多いと、人は殺人事件が起きても無視をする

1964年3月13日深夜、米ニューヨーク州クイーンズ郡キュー・ガーデン地区の路上で、帰宅途中の28歳の女性キティ・ジェノヴィーズが、黒人男性に背中をナイフで刺された。悲鳴をあげ逃げ惑う彼女を、現場に建つアパートの住民38人が窓越しに目撃していたが、誰1人として助けに入らなかったばかりか警察に通報する者さえおらず、キティは強姦被害まで受けたうえ死亡する。

メディアは、都会人の冷淡さを表す顕著な例として事件を大々的に報道した。が、ジョン・ダーリーとビブ・ラタネの両心理学者は疑問を持つ。多くの人が気づいたからこそ誰も行動を起こさなかったのではないか、と。

あくまで仮説に過ぎなかったこの大衆心理を解明すべく、2人は実験を行う。被験者の学生たちをカーテンで二つに区切られた部屋の片方で作業をさせる。ある程度、作業が進んだところでもう一方のスペースからテープ音声を流し、誰かがカーテンの向こうでケガをした、という状況を作り出す。さて、作業中の学生はどんな反応を示すのか？

結果は部屋に被験者が１人だった場合、70％がカーテンを開けて様子を見たり、声をかけるなどの行動を起こした。が、部屋に１人の被験者と２人のスタッフを入れ（スタッフに）無関心を装わせると、行動を取る被験者はわずか６％だった。また、別の実験ではグループの人数にかかわらず、最初の３分で行動しなかった人間は、最後まで動かないということも判明。ニューヨークで起きた殺人事件で立てられた仮説は正しかったのである。

人間は責任感や正義感が無いわけではないが、人数が多くなると、自分の責任は少ないと考えてしまう。同時に、すぐに決断して動かないと最後まで行動を起こさないという心理傾向も持ち合わせている。これを心理学の世界では「傍観者効果」と呼ぶ。

「傍観者効果」の概念を生み出すきっかけとなった殺人事件の被害者キティ・ジェノヴィーズ。写真のアパートから多くの人間が犯行を目撃していたが…

デシの「アンダーマイニング効果」検証実験
報酬は時に人の〝やる気〟を萎えさせる

金は、人間が暮らしていくうえで必要不可欠だ。金のために嫌な仕事を我慢して続けている人も多い。が、逆に金＝報酬がやる気を失わさせるケースもある。

1970年代前半、アメリカの学生の間で「ソマ」というパズルが流行っていた。ロチェスター大学の心理学者エドワード・デシはこれを使い実験を試みた。

被験者の大学生を2つのグループに分け、ソマで飛行機や犬など5種類の形を作らせる。実験は3回行われ、1つのグループ（A）は一切報酬無し。もう片方（B）には1回目は報酬無し、2回目は有り、3回目は無しとした。また、最初の2回は監督官が部屋で立ち会うが、3回目は学生だけで課題をこなすよう指示した。

デシが3回目の被験者の様子をマジックミラー越しに観察したところ、興味深い事実が判明する。グループAに比べ、Bの被験者がパズル作りに打ち込む時間が明らかに減少していたのだ。理由は明白。2回目にもらえた報酬が3回目に無くなったことでモチベーションを低下させていたのである。

こうした、外的報酬が人のやる気を失わさせる現象は「アンダーマイニング効果」と呼ばれ、現実社会でもしばしば起きている。例えば、老人ホームで年寄りの世話を無償で行ったり、道路の掃除や雪かきを行うケース。これは、あくまで人の役に立ちたというボランティア活動だ。が、途中から、自発的な行為に報酬が与えられると、人はそれが当たり前と認識、以降、金銭が得られないなら行動する意味がないと考えるようになってしまう。金は、時に人間の意欲を萎えさせる代物なのだ。

報酬で起きる意欲を「外発的モチベーション」、対価を求めない自発的なやる気を「内的モチベーション」と呼ぶ

デシが実験に使ったソマパズル

ナチズムはたった4日で浸透する

教師ジョーンズのサード・ウェーブ実験

1969年、米カリフォルニア州サクラメント・カバリー高校の教師ロン・ジョーンズが、歴史の授業でナチス支配下のドイツの全体主義を教えていた。が、学生にナチスの国策映画を観せても、なぜドイツの民衆がヒトラーに熱狂したのか、生徒たちはまるで理解できない。そこでジョーンズが行ったのが「サード・ウェーブ」と呼ばれる実験だ。

まずは、生徒に「規律で力を作り出せることを証明しよう」と提案、姿勢や持ち物、先生に対する呼び方、質問の仕方や答え方などについて細かく規律を設定、軽いゲームのつもりで守るように指導した。生徒が嫌がるのではというジョーンズの懸念とは裏腹、ふだん自由な雰囲気で教育されてきた生徒たちは競争心を持って規律に従おうとした。不気味なことに、生徒たちは規律を覚えるたびに次の規律を欲し、授業終了のベルが鳴り終わってもその規律を続けようとしたという。

ジョーンズは次に「共通の目的のために働く共同体に参加しなくてはならない。この運動を『ザ・ウェーブ』とする」と提案。さらに「この運動の信念に従って行動することが力を得る」と話すと、生徒たちは運動の旗印と運動員章を作成した。

　ジョーンズの試みは数日のうちに全校生徒に浸透し、彼らは自分たちの自由と交換に、メンバー間の平等と「ザ・ウェーブ」グループに入っていない人に対する優越感を持ち、差別・攻撃したばかりか、止めようと言い出した者は密告され、制裁を受けることまで決めたという。

　結局、ジョーンズはメンバー全員を講堂に集め、テレビ画面を用意。もう一度、ヒトラーの映画を観せ、自分たちのやっている行為がナチスと同じであることを説明、実験を終えた。これは、たった4日間の出来事である。

実験を題材に製作された2008年のドイツ映画「THE WAVE」

ターナーのクラクション実験
人間は自分より弱い相手には攻撃的になる

1960年代、アメリカの心理学者R・H・ターナーが、車を運転している際に他のドライバーのふるまいに対して覚える不快感や攻撃行動を調べる実験を行った。

新車のクライスラーと中古のみずぼらしい小型トラックを用意し、被験者がドライバーとなり、赤信号で車を止める。そして、信号が青に変わっても12秒間わざと車を発進させない。さて、後ろの車のドライバーはどれくらいの時間でクラクションを鳴らすか？

実験の結果はクライスラーの場合が平均8・5秒、小型トラックが6・8秒。さらに、クラクションを2回鳴らしたドライバーは、クライスラーが前にいた場合が7人だったのに対し、小型トラックはその3倍近い18人と判明。また、全くクラクションを鳴らさなかった運転手はクライスラーが18人、小型トラックは6人だった。

この結果は、人間が弱い者を見下す生き物であることを証明している。一般に、高級車を運転する者は社会的勢力が強いと見なされている。新車のクライスラーに対し後続の車がクラクションを鳴らさなかったり、鳴らすのを遅らせたのは、相手の地位が高いと判断したためで、逆に小型トラックの運転手は自分より地位が下と見なしたのだ。

ちなみに、日本でも同じような実験が東京と大阪で実施されている。このときは意図的に止まる車の優劣は付けられなかったが、クラクションを鳴らす時間は東京が平均４・２秒後、大阪が１・８秒だった。県民性、地域性の違いが表れた結果かもしれない。

高級車とおんぼろ車では、ドライバーの社会的地位が違うと判断、威嚇の度合いも変わってくる（写真と本文は直接関係ありません）

ミルグラムのアイヒマンテスト
権力者からの命令は、どんな残虐な内容でも逆らえない

2017年2月、「アイヒマンの後継者　ミルグラム博士の恐るべき告発」というアメリカ映画が日本で公開された。タイトルにある「アイヒマン」とは、第二次世界大戦時に数百万のユダヤ人を強制収容所へ輸送する際の責任者だったナチス高官アドルフ・アイヒマンのことだ。

戦争終結から15年後の1960年、アイヒマンは逃亡先のアルゼンチンで拘束され、イスラエルで裁判にかけられる。傍聴人の誰しもが、アイヒマンを残虐非道で野蛮な人物だと考えていた。が、法廷の証言台に立った彼の態度は、およそそのイメージとはかけ離れた、温厚で紳士的なものだった。

いったい、なぜこんな平凡な人間が、鬼畜にも劣る行為を働いたのか。アイヒマンをはじめとする戦争犯罪者はそもそも特殊な人間なのか、それとも人は誰しも異常な環境に置かれると残虐性を露わにするものなのか。この疑問を検証すべく、イエール大学の心理学者スタンリー・ミルグラムが62年、「アイヒマンテスト」と呼ばれる実験を行った。

「記憶能力についての調査」という名目で集められた20～50代の一般男性40人を「生徒役」と「教師役」の２人１組にペアリング。教師役と生徒役は別々の部屋に入り、教師役は白衣を着た権威に満ちた博士が見守る中、生徒役に簡単な問題を出す。答が間違っていれば、教師役は罰として生徒役に電流を流す。電圧は45Ｖから始まり、１問間違えるごとに15Ｖずつ増量、電気ショックの機械の前には「１２０Ｖ＝大声で苦痛を訴える」「３００Ｖ＝壁を叩いて実験中止を求める」などと記した表があり、最高電圧は４５０Ｖだった。

２つの部屋はインターホンで声が聞こえるようになっており、教師役が電流を流すと生徒役の叫びが耳に入るようになっていた。それに耐えきれず教師役が電流ボタンを押すのをためらったり、実験続行を拒否すると、博士が「あなたが責任を持つ必要は無い」などと冷酷な通告を行う。実は

映画「アイヒマンの後継者　ミルグラム博士の恐るべき告発」で再現された実験シーン　

この実験、本当の被験者は教師役のみで、生徒役も博士役も全て実験スタッフが送り込んだ役者。電流も実際には流されておらず、生徒役の部屋から聞こえてくるのは、事前に録音されたうめき声のテープだった。

実験を行うにあたり、ミルグラムはイエール大学で心理学専攻の4年生14人を対象に、実験結果を予想するアンケートを実施していた。回答者は全員、実際に最大の電圧を付加する者はごくわずか（平均1・2％）であろうと回答。

しかし、実験の結果は異なる。被験者40人全員が300Vまで送電し、65％の26人が最終的な450Vまでボタンを押したのだ。

ミルグラムは実験後、語っている。

「命令する権力者がいて、その権力者が責任を持っているような状況下では、頭では非人道的とわかっていても、非人道的な行為をするために思考を停止させる」

この実験は、一定の条件さえ揃えば、どんな人間でも悪魔になり得る危険性があることを示唆している。

実験の様子。電流を流すことにためらう被験者（左。教師役）に、博士役の人物が指示に従うよう冷静に促す

［第6章］

知らなきゃよかった！怖いエトセトラ

宝くじ1等の当選確率は、交通事故で1千回死ぬ確率と同じ

もし宝くじで1等に当たったら一生贅沢に遊んで暮らせる——。誰でも一度は夢想したことがあるだろう。種類によって当選金額も違うが、現在発売されている宝くじで最も高額なのは「サマージャンボ宝くじ」で1等の賞金が5億円。前後賞各1億円を合わせると7億円にもなる。これだけの大金を手にすれば、確かに死ぬまで贅沢し放題だ。しかし、実際に当たる確率を知れば絶望的になるに違いない。ジャンボ宝くじは1千万本を1ユニット（組）として販売し、1ユニットの中に1等が1本存在する。つまり確率は1千万分の1。これがいかに途方もない数字であるかを説明すると、パチンコで大当たりが出る確率400分の1、裁判員に選ばれる確率5千分の1、飛行機が墜落死する確率20万分の1。身近なところでいえば交通事故で死亡する確率が1万分の1だから、事故で1千回死亡して初めて宝くじ1等の当選確率と並ぶのである。さらに絶望的な例を示せば、宝くじの1等は、自分が北海道にいるとして北海道の上空から1円玉を落として頭に当たる確率と同じ。もはや買う気も無くなるが、実際に的中させている人がいるのもまた事実なのだ。

ジョギング健康法の提唱者は ジョギング中に死亡した

ジョギングを習慣づけている人は多いが、これを世に広く知らしめたのがジム・フィックスなる人物だ。１９３２年生まれの彼は30代半ばで１００キロ近くまで太り、ダイエットのため毎日15キロのランニングを続け、30キロ以上の減量に成功。77年、マイペースでランニングを続ける健康法を著した『奇跡のランニング』を出版し、これが世界的ベストセラーとなる。果たして、世界中でジョギングブームが沸き起こり、フィックスは「ジョギングの神様」「ジョギングの教祖」と呼ばれることになるのだが、84年7月、思わぬ事態が発生する。自らもジョギングを日課としていたフィックスがランニング中に心臓発作を起こし死亡したのだ。彼の死は大きな衝撃を与え、ジョギングブームは急速に衰退。以降、心臓への負担が少なく、より安全で高齢者でも実践できるウォーキングがブームとなる。

自身が広めたジョギングが原因で死んだジム・フィックス

特徴の類似点の多さから、交配相手として魅力的に感じてしまう傾向に

長年離れて暮らした親族が再会すると近親相姦の関係に陥りやすい

2016年4月、衝撃的なニュースがネットを駆け巡った。アメリカで、生き別れになっていた51歳の母親と32歳の息子が30年後に再会、あっという間に恋に落ち男女の関係となったというのだ。現在、2人は近親相姦に一定の理解を示してくれるミシガン州に転居し、真剣に結婚と子作りを計画しているという。

親子の例だけではない。イギリスでは、08年、一組の兄妹が大きな話題を呼んだ。1歳で里子に出された兄は、成人後の06年、母親の仲介で妹と再会し、これまたすぐに恋愛関係となってしまった。このとき妹は結婚しており娘もいたのだが、兄に惹かれる気持ちは止めようがなかったという。その後、兄は、妹とその夫、娘と共同生活を送るようになったのだが、訝しがった母親がある日、情事にふける兄妹の姿を発見。母親によって警察に通報された2人は逮捕、起訴され（イギリスで近親姦は違法）、裁判で執行猶予1年の有罪判決が下された。

なぜ、こんなことが起きるのか？　答は「ジェネティック・セクシュアル・アトラクシ

ョン」（ＧＳＡ）という概念にある。これは長年離れ離れになっていた親族が再会した場合に起こる、近親者同士の現象で、もともと血縁のため自らの特徴との類似点が多く、交配相手として魅力的と感じてしまう傾向にあるのが要因だと考えられている。

言うまでもなく近親相姦は世間一般にはタブーで、忌み嫌われることが多い。が、彼らのケースを簡単に断罪して良いのか。前述したイギリスの兄妹は裁判で「今後二度と肉体関係を持たない」ことが判決の条件とされたが、現在はその決まりを守りつつ、「自分たちは離れ離れになるのは考えられない」と主張、欲望を抑えきれないときはキスや抱擁で我慢し、将来的には性的虐待以外の近親婚や近親相姦が合法とされるフランスへの移住を考えているという。

性交渉を結んだイギリスの兄妹は法廷で有罪判決が下された

タイムトラベラーの仕業⁉
17世紀の絵画にアイフォンが描かれている

２０１６年5月25日、オランダで開催されていた起業家と投資家のためのイベントで、アップル社のティム・クックＣＥＯから衝撃の発言が飛び出した。なんと、アムステルダム国立美術館に展示されている絵画にアイフォンが描かれており、アイフォンを生み出したのは自分たちだと思っていたが、今はもう確信が持てなくなったと暴露したのだ。

左に掲載したのがクック氏が見たという絵。ドアから部屋に入ってきた男性の右手に何やら握られている。問題の部分を拡大すると、確かにアイフォンに見えなくもない。

ちなみにこの絵画は、オランダの画家ピーテル・デ・ホーホが１６７０年に描いた「家の玄関で女に手紙を渡す男」という題名の作品。ならば、男が握っているものは「手紙」以外に考えられないのだが、そのサイズ感、画面に添えられた親指、そして女性が視線を向けているにもかかわらず男性がうつろな表情で手元だけ見ている点も、これを「手紙」と断定するのは違和感がある。では、この怪しいブツは何なのか？　オカルトマニアの意見を総合すると、これはアイフォンを持ったタイムトラベラーが17世紀に旅行し、それを当時の画家が描いたもので、アイフォンは未来からのタイムトラベラーによってスティーブ・ジョブズに与えられたのだという。

そんな話をまともに信じる人はいないはずだ。冷静に考えれば、クック氏の発言は場を盛り上げるための冗談、もしくは美術館への嬉しいサプライズ発言と捉えるべきだろう。が、しかし、見れば見るほど、絵の中の男が画面に表示された文章を読んでいる、もしくは椅子に座っている女性を撮影しているかのようにも思えてしまうのもまた事実。これがクック氏のアイデアなら、さすがアップル社のＣＥＯと言うべきかもしれない。

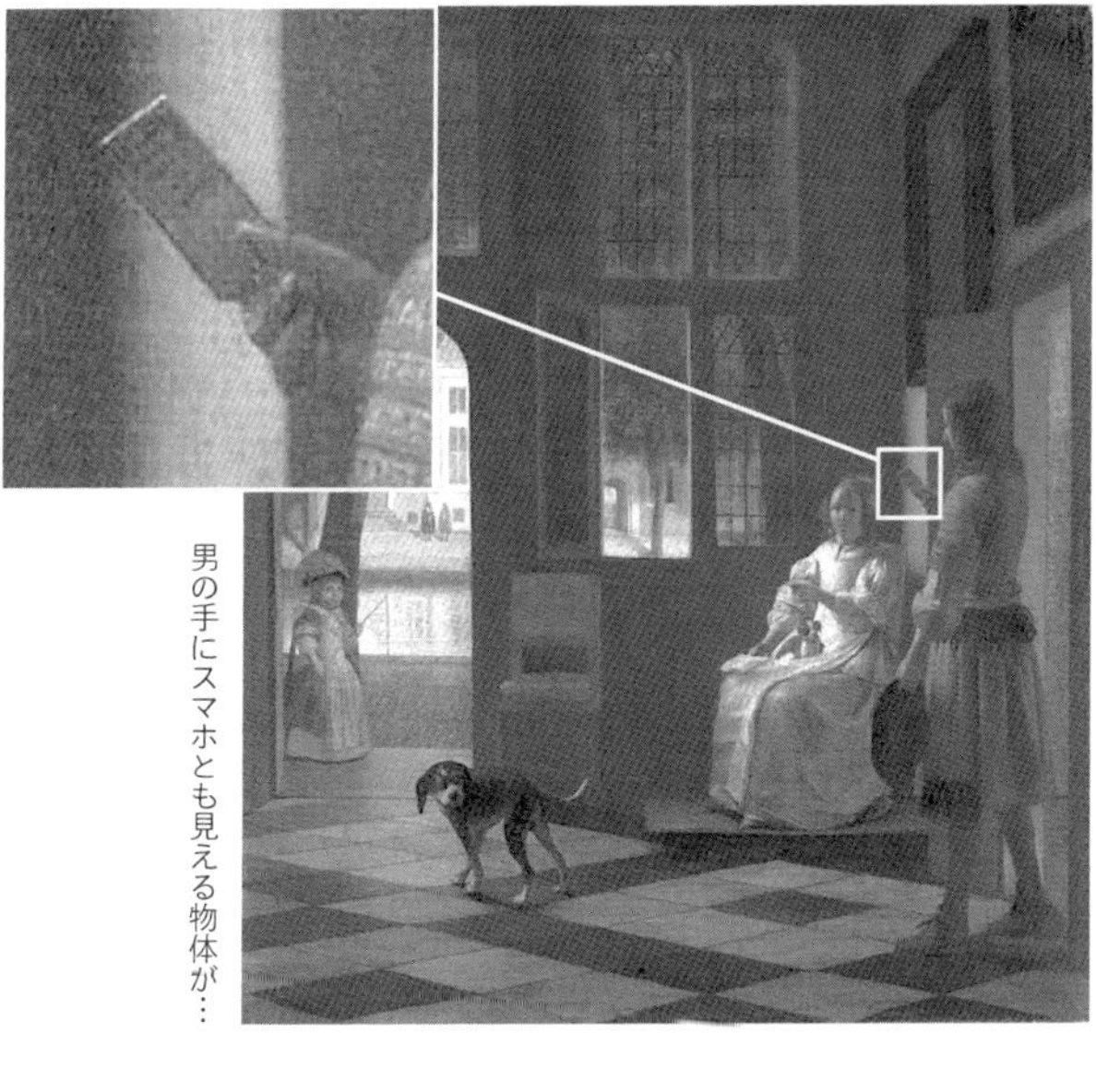

男の手にスマホとも見える物体が…

AVをよく見る人ほど宗教活動に熱心

罪悪感を打ち消すため⁉

アダルトビデオ（以下ＡＶ）と宗教。一見、対極にある言葉のように思えるが、アメリカの調査研究によると、２つは密接な関係にあるらしい。

米オクラホマ大学の心理学および宗教学のサミュエル・ペリー助教授が、宗教に関する調査団体であるＡＲＤＡ（アメリカ宗教データアーカイブ）が２００６年から12年までの６年間、１千３００名を越える被験者団体に実施した調査を解析したところ、ＡＶを週に１回以上見る人は、見ない人に比較して、祈りの回数が多く、宗教に疑念を持つことが少ないとの結果を得たそうだ。多くの宗教団体は、ＡＶ鑑賞を信者の信仰心を失うきっかけになるのではないかと考えているが、実際の調査は、その真逆だったのである。

理由を特定することは非常に難しいが、一説では、ＡＶを見ることによって、自分が所属している宗教団体からの疎外感が生まれ、それを埋め合わせるためにも積極的に活動を行うようになると考えられている。

ちなみに、アメリカでは、39％の成人が過去12ヶ月の間に何らかのＡＶを鑑賞し、女性に比べて男性は約３倍の割合で激しいＡＶ（いわゆるハードコア）を見ているものの、ＡＶを見た女性の方が男性に比べてより宗教的になるという結果も出ているそうだ。

欧米諸国に比較すると日本は宗教への関心度が低く、宗教とＡＶの関係を実感として捉えることは難しい。が、ＡＶを見る際のちょっとした罪悪感やアダルト関連のショップやＤＶＤコーナーに入るときの照れや恥ずかしさは理解できる。アメリカ人には、その感覚の延長線上に宗教があるのかもしれない。

エロと信仰心の密なる関係は、日本人にはなかなか理解しづらい感覚

命がけで送ったメッセージ

ベトナム戦争時、〝まばたきモールス信号〟で「拷問」を告発した米兵がいる

下の写真は1966年、ベトナム戦争当時、捕まえた米兵にアメリカを批判させる様子を撮影した、北ベトナムによるプロパガンダ映像のワンシーンである。捕虜にした敵兵に自国を批判させるというのは昔からよくある宣伝工作で、ベトナム人インタビュアーの質問に答えているのは、65年に撃墜され、捕虜となっていた攻撃機のパイロット、ジェリー・デントン海軍中佐（当時）だ。動画を見ると、デントン中佐が、休みなくまばたきを繰り返しているのがわかる。よほど疲れているのかと思いきや、実はこれ、まばたきで見ている仲間にモールス信号を送っていたのである。

モールス信号は「短（トン）と長（ツー）」の2種類の

まばたきで「拷問されている」とのモールス信号を送るジェリー・デントン海軍中佐

長さを持った音（もしくは光など）を組み合わせて文字を表すもの。デントン中佐は、長いまばたきと短いまばたきを組み合わせ、文字を表現していた。

『T・O・R・T・U・R・E』（拷問されている）

彼は、悪名高きハノイ収容所でのアメリカ兵虐待の事実を最初に公表した人物で、その後、苛酷な捕虜生活を生き抜き、73年2月に釈放、帰国。アメリカはデントン中佐の勇気に対し、海軍殊勲章を授与した。

また、下の写真は、アートの中にメッセージを隠した例で、第二次世界大戦中、ナチスドイツにとらえられたイギリス軍のカサダリ少佐が作成したタペストリーである。幅の広い枠の中には「GOD SAVE THE KING（神よ国王を守りたまえ…）」と刺繍してあるが、細い枠内には点と線でモールス信号で、「FUCK HITLER（くたばれヒトラー）」というメッセージが縫い込まれている。

タペストリーはそれから4年もの間収容所の食堂に飾られていたそうで、最後までこのメッセージは気づかれることはなかったそうだ。

第二次大戦時、イギリス軍のカサダリ少佐が作成したタペストリー。細枠の中にモールス信号が

青酸カリで人を殺すのは想像以上に難しい

推理小説やサスペンスドラマの描写はウソ

2013年12月、当時75歳の夫を保険金目的で殺害したとして、事件直前に結婚した67歳の女が京都府警に逮捕された。女の周辺では過去にも不審死を遂げた男性が数多くおり、その後の取り調べで、女はこれまで交際・結婚と死別を繰り返した10人以上の男性のうち8人の殺害を図ったと供述したという。

女が殺害に使った手段は毒殺。シアン化合物、いわゆる青酸カリをビールやジュースに混ぜて飲ませるなどして金目当ての連続殺人を働いたらしい。まさに鬼畜以外の何物でもないが、改めて青酸カリの殺傷能力の高さには驚かざるをえない。

しかし、世の中の不思議な話題やカルチャーに特化したニュースサイト「トカナ」が配信した記事によれば、青酸カリで人を殺害するのは想像以上に難しいらしい。

推理小説やサスペンスドラマなどでは、被害者が毒が混ざっているとも知らず飲み物を口にし悶絶死に至る場面がよく描かれるが、そもそも青酸カリが無味無臭なんてのは全くのウソ。杏仁豆腐のような風味とメタリックな味は簡単に誤魔化せるものではないという。

また青酸カリは非常に分解しやすく、空気中の二酸化炭素を吸収して反応、どんどん無毒な炭酸カリウムへと変化するため、殺害のチャンスを狙って紙包みに隠し持っていたら、いつのまにか使い物にならないことも多いようだ。

致死量に関しても、体重60キロの成人男性で指先にこんもり盛られるくらいの300ミリグラムが必要。これでも死亡率は50％で、確実に死に至らしめるにはその10倍の3g＝小さじ一杯分を用意しなければならないらしい。それだけ大量の青酸カリを口にすれば、誰でも一舐めしただけで違和感を覚えること必至だ。

前出の女が、いかに毒を飲ませたかは不明だが、相当の知識とテクニックを持っていたことは明らか。ゆめゆめ、素人が手を出すなかれ。

毒殺には相当のテクニックが必要

元カレ元カノと友人関係を築ける人はナルシストで腹黒い

金、セックス、情報収集が目的

2016年5月、アメリカ・オークランド大学の精神科医らが、医学情報サイト「Personality and Individual Differences」に最新の研究結果を発表した。元カレ元カノと友人関係を築いている男女860人の被験者に、「パートナーとの関係終了後に、なぜ友達でいようとするのか?」と質問したところ、実に興味深い答が寄せられたらしい。

回答の上位には「元カレ・元カノを信頼している」や「(未練を含む)センチメンタルな感情」などわかりやすい理由が並んだが、第5位は「メリットがありそうだから」。つまり、何かのときに「役に立つ駒」として使うため繋がりを絶たないでいるというのだ。具体的には、セックス、お金、情報が目的。研究グループによれば。「あわよくば再び性的な関係を結べるのではという動機が強く、男性の方が〝別れても友達〟という関係を結びたがる」らしい。また、女性の場合は、イケメン好きであればあるほど、このような側面を有しているそうだ。

さらに、こうした被験者の性格についても調査した結果、彼らにはナルシストで、サイコパス（精神病質）の傾向があることがわかったという。彼らは「操作的パーソナリティ」と呼ばれ、他人を操り、是が非でも自分の欲しいものを手に入れようとするのが特徴。友人や恋人を選ぶときも「自分にメリットがあるかどうか」という戦略的思惑が先行し、また、付き合う期間も短命で終わるケースが多いことがわかったそうだ。

もし、恋人と別れた後、「友達でいよう」と言われても、それは決してあなたとの友情を意味しているのではなく、よこしまな感情が隠されている可能性も否定できない。元パートナーはあなたの性格を知り尽くしているため、巧妙に弱点をつき、コントロールし、操ることも容易いはずだ。

まずは自分の心によく問いかけてみよう。別れた恋人と友達でいたいか、と。

別れた恋人同士が真の友人となるケースは少ない

死の瞬間、体から離れていく光の重量

人間の魂の重さは21グラム

今をさかのぼること100年以上前、米マサチューセッツ州の医師ダンカン・マクドゥーガルが、ある実験を行った。入院中の結核患者が横たわるベッドを精密な秤で計量し、死の直後と体重がどう変化しているかを調べたのだ。記録によれば、マクドゥーガルは6人の末期患者を計量し、死の瞬間に立ち会ったという。目的は、死後に肉体を離れていく〝魂の重さ〟を割り出すことにあった。

遺体をそのままにしておけば、徐々に乾燥して軽くなる。この実験でも例外ではなかった。そこで、マクドゥーガルは死後に失われる体液やガスも考慮に入れて入念に計算。人間の〝魂の重さ〟は4分の3オンス、

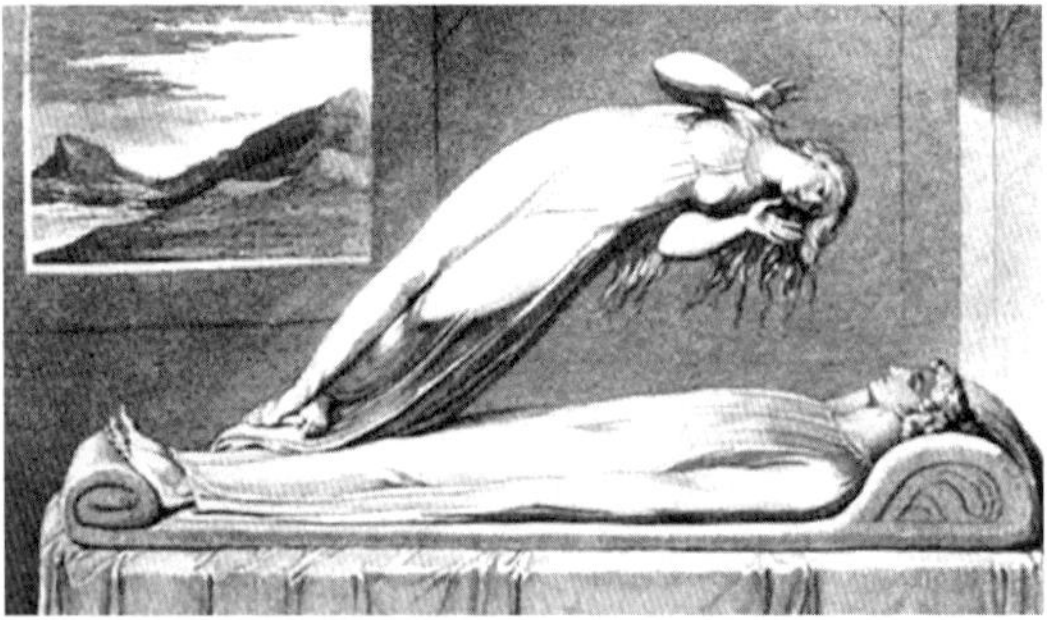

そもそも人間に魂は存在するのか？　重量があるのか？

つまり21グラムであると結論づけた。

１９０７年、マクドゥーガルがこの結果を学術誌で発表したところ『ニューヨーク・タイムズ』が大々的に取り上げ、広く世に知られるところとなったが、アカデミズムの世界では強く疑問視され、いったんは沈黙を余儀なくされる。

４年後の11年、マクドゥーガルは再び『ニューヨーク・タイムズ』の一面トップを飾る。新たに、患者の死の瞬間、すなわち〝魂の写真〟を撮影していると発表したのだ。何でも、改めて十数人の末期患者の死に立ち会い写真を撮影したところ、死の瞬間の人間の頭部には「星間エーテル」にも似た光が取り巻いており、この光が肉体から離れていく21グラムの魂だったという（ちなみに、「星間エーテル」とは中世の物理学の概念で天界を構成する物質のことで、現代の科学では否定されている）。

これでは科学ではなくオカルトの話になってしまうが、マクドゥーガルは20年に54歳で逝去。結論は出ていない。

ショーン・ペン、ナオミ・ワッツらが出演した２００３年公開のアメリカ映画「21グラム」の作品名は、マクドゥーガルの実験結果に由来している

母親の子育てに対する不安の表れ

海外の子守唄の歌詞が怖すぎる

日本の子守唄には「五木の子守歌」や「島原の子守歌」など曲調も歌詞も物悲しく聞きようによっては怖いものが少なくないが、海外もまた例外ではない。スペインの詩人ガルシア・ロルカによれば、これは母親の哀しみの表れで、子育てに対する不安を子守唄として吐き出しているのだという。世界の子守唄の中でも歌詞が怖い5曲を紹介しよう。

●BIUM' BIUM' BAMBALO（アイスランド）

♪幼いわたしの友だちを寝かしつけていると　窓の外にぼんやりと顔が浮かぶ

アイスランドには恐ろしい化け物が存在し、正体はわからないが、皆、それが潜んでいることだけは信じているらしい。

●妖精の子守唄（スコットランド）

♪赤ちゃんをそこに寝かせた　そこに寝かせた

ビルベリーを摘みに行った　最愛の赤ちゃんがいなくなってしまった

スコットランドに子供を連れ去る怪物はいないが、母親がなぜか子供を見失ってしまう。

●LIMA ANAK AYAM（マレーシア）

♪5人の子供たち　1人が死んで　残るは4人

マレーシアの歌手Zee Aviが歌う子守唄メドレーの1曲。理由もわからず赤ん坊が死んでしまう。

●INCILI BEBEK NINNISI（トルコ）

♪上空の黒い鳥たちが高く舞い上がり、
我が子の肉が引き裂かれる
世界中が加担している
眠っておくれ、幼な子よ、どうか眠って

ラクダを生贄にしようとした途中で、生かしておこうと心変わり。その途端に起きた出来事が歌われている。

●KRAKEVISA（ノルウェー）

♪彼はカラスの皮を剥ぎ、バラバラにした　重さは16から20ポンド近くあった
その生皮から、彼は12足の靴を作り、一番よくできたものを母親にやった

カラスが子供を殺すと信じている男が、先にカラスを殺してしまう内容で、彼がカラスの死骸から作るおぞましい物が羅列されていく。

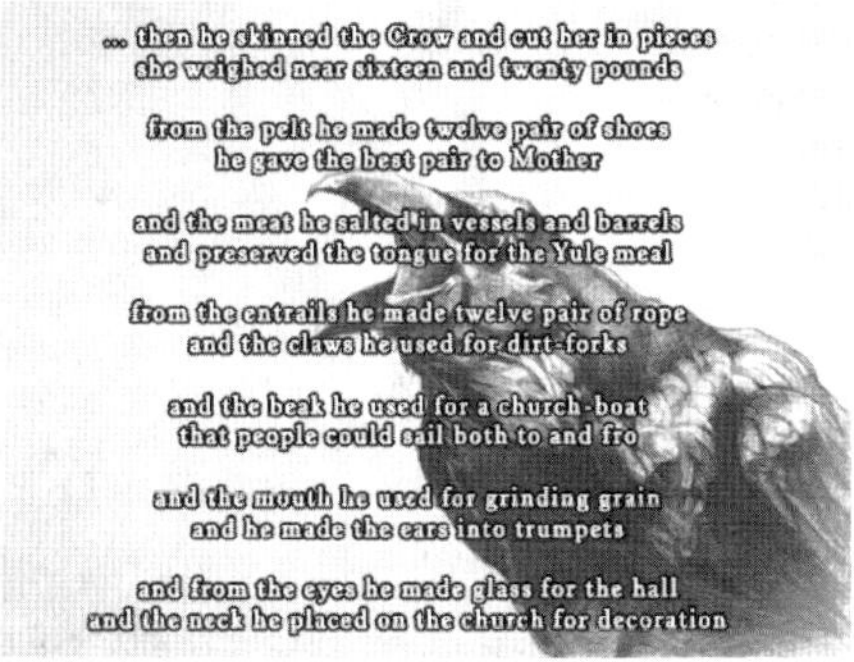
... then he skinned the Crow and cut her in pieces
she weighed near sixteen and twenty pounds
from the pelt he made twelve pair of shoes
he gave the best pair to Mother
and the meat he salted in vessels and barrels
and preserved the tongue for the Yule meal
from the entrails he made twelve pair of rope
and the claws he used for dirt-forks
and the beak he used for a church-boat
that people could sail both to and fro
and the mouth he used for grinding grain
and he made the ears into trumpets
and from the eyes he made glass for the hall
and the neck he placed on the church for decoration

カラスの死骸から物を作る男のことを歌ったノルウェーの子守唄「KRAKEVISA」

遺伝子の多様性には限りがあるから

世界には自分に瓜二つの他人が存在する

掲載した写真を見てほしい。どう見ても一卵性双生児にしか思えない2人組ばかりだが、実は彼ら彼女らは血縁関係など一切無い赤の他人。ただのそっくりさんたちである。

俗に、世界に自分に似た人が3人いると言われるが、この説は科学的に正しい。米コーネル大学でハチやマウスなどの外見の多様性と遺伝子について研究するマイケル・シーハン氏が2015年に発表した論文によれば、遺伝子の多様性には限りがあり、特に人間の顔の作りに大きく関連があるという。家族同士が赤の他人よりも似ており、同じ遺伝子を持つ一卵性双生児の兄弟姉妹が区別も難しいほどに似ているのはこのためだ。

また、同じ民族に属する人同士は、他民族に比べてより多くの共通した遺伝子セットを保有していることもわかっている。そのため、黒髪と浅黒い肌の東南アジア人が、金髪と白い肌のヨーロッパ人と似ることはまずはない。つまり似通った遺伝子を持つものほど外見も似てきて、近い祖先を持つ人の中には直接の血縁関係が無くとも瓜二つというケースが出てきても何ら不思議ではないのだ。

最近では、自分の写真をアップすれば自動的に世界中からそっくりな人を探し出してくれる「ツイン・ストレンジャー」なるサイトも存在する。もしかしたら、あなたに極似したアカの他人が見つかるかもしれない。

飛行機で適当にシートに座ったらお隣がそっくりさん！

この２人は、そっくりさんお探しサイト「ツイン・ストレンジャー」にアクセスして５分で自分の生き写しを発見した

本当は真逆で、美人は長生き「美人薄命」はウソ

「美人薄命」とは、容姿が美しい人は短命だったり、不幸なことが多い傾向にあるという意味の四字熟語だ。インターネットには、まことしやかに「総務省統計局によって得られた調査データをもとに科学的に出された傾向」だと説明するサイトもあるが、まるっきりデタラメである。

語源は遡ること1千年。11世紀の中国は宋の時代の詩人・蘇軾《そしょく》による『薄命佳人詩』が日本に伝わり、「美人薄命」の言葉になって残った。ただし意味合いは現在とは全く異なり、蘇軾の言う「佳人」とは、色街の歌妓のことを指し、彼女たちが、容姿が衰えるとひっそりと仏門に入って誰に知られることもなく死んでいく様子を歌ったものだ。

確かに楊貴妃やクレオパトラ、マリリン・モンロー、夏目雅子など、昔から美しいとされる女性に天逝した人は多い。だからこそ「美人薄命」の言葉がいまなお真実味を持って語り継がれているのかもしれない。しかし、これがデタラメどころか真逆、つまり「美人は長命」であることが総計で明らかになった。２００９年、デンマークで双子３８７組を

7年間追跡調査したところ、同じような遺伝子を持つ双子でも長年の生活習慣の違いから老け方に差が出てくることが判明。そして、見た目年齢の若い〝美人双子姉妹〟の方が寿命も長いという結果が出たのだ。また、歳のサバを読んで若くごまかすことも長寿に効果があり、イギリスで6万5千人を調査した結果では、実年齢より若いと感じている人と、老けていると感じている人だと、8年後の死亡率のリスクが40％も違っていた。結局は、どんなルックスで生まれたかより、どれだけ若くキレイになろうと努力して生きているかが重要なようだ。

夏目雅子（上）は27歳、マリリン・モンローは36歳と、若くしてこの世を去ったが…

食料不足を経験した女性の子供が統合失調症になるリスクが高いことも判明

ホロコースト生存者の子供には、悲劇のトラウマが受け継がれている

ナチス政権下による「ホロコースト」（ユダヤ人絶滅政策）では、およそ600万人のユダヤ人が犠牲になったと言われている。人類史上最悪とも言えるこの悲劇から、かろうじて生き残った人たちも重度のPTSD（心的外傷後ストレス障害）を負っただろうことは想像に難くない。しかし、悲劇はそこで終わらない。なんと、ナチス政権で迫害を受けた両親を持つ子供は、ホロコースト体験に起因して悲劇のトラウマを受け継いでいる可能性が高いことが判明したのだ。

2015年8月、ニュースサイト「カラパイア」が掲載した記事によれば、ニューヨークにあるマウントサイナイ病院の研究グループが第二次世界大戦中に強制収容所に収監され拷問を受けた、あるいは隠れて暮らすことを強いられた犠牲者32人の子供を調べたところ、その多くが遺伝子変異によってストレス障害を発症していることがわかったという。

DNAが変化しないということは科学者の間で広く知られているが、個人のライフスタイルや習慣に起因する化学的タグがDNAに付着し、小さな違いを生み出すことはある。

こうしたタグが個人の子供に現れているなら、喫煙やダイエット、あるいはストレスなどの要因も将来の世代に影響しうるということだ。この説は論争の最中だが、遺伝子を通しての遺伝的特性が親から子へ伝達され得るのは間違いない。

なお、先行研究では、1940年代の食料不足を経験したドイツ人女性たちの子供は統合失調症を発症するリスクが高いことが明らかにされ、また別の研究では、父親が思春期前に喫煙を始めている場合、息子の出生時の体重が重い傾向にあることが示唆された。

恐怖体験は本人のみならず次世代にも影響をもたらしていた

この世に完全な異性愛者は存在しない

自分が知らない性的指向

２０１５年11月、ニュースサイト「カラパイア」が興味深い記事を掲載した。男なら女、女なら男しか愛せないという、昔から信じられてきた異性愛など、そもそも存在しないというのだ。

これは、米コーネル大学のリチャード・C・サビン・ウィリアムズ博士の研究で明らかになったもの。女性が性的な映像を見た際の瞳孔の拡大反応を調査したところ、本人の申告とは関係なく、異性にも同性に対しても身体が大きく反応していることがわかったのだという。つまり、自分がストレートだと信じている女性は、通常は男性に性的な関心を示すが、いざ運命の女性が現れれば同性であっても恋に落ちかねないというのだ。

これは男性でも同じで、女性が男性に性的行為をする画像に反応する男性でも、男性同士のセックス写真に反応、瞳孔がやや拡大することが確認されている。すわなち、あくまで心理学的にだが、男性であっても１００%完全な異性愛者は存在しないのである。

山口芸術短期大学の中尾達馬准教授（発達心理学）が07年11月から１ヶ月間行った調査

に基づいた論文『初恋についての探索的研究』によると、幼稚園に通う園児への個別面談で年中児と年長児の男女に「好きな子いる？」と質問したところ、大半が「いる」と答えたが、年中児がほぼ同性の名前を挙げ、年長児は半数以上が異性を挙げたという。このように、幼少期は1年違えば自我も確立され、やがてそれは本人の性的指向となり、生涯変わらないのが一般的だ。

が、自分がごく普通に女性が好きな男だと思っていても、何かのきっかけで同性愛に芽生える例もある。要は自分の中に潜む性的指向に気づくかどうか、それを目覚めさせる機会があるかどうか。心底惹かれた相手がたまたま同性だったとしても何ら不思議はない。

運命の人は同性かもしれない

色が特定できているのは一種のみ

図鑑やテレビ、映画に登場する恐竜の肌の色は適当に決められている

今から約6千600年前の白亜紀に、巨大隕石衝突の影響で絶滅したとされる恐竜たち。しかし、科学の進歩によって、恐竜の化石から骨を継ぎ合わせ骨格を明らかにすることで、現在ではその姿をCGで明確に現すことができるようになった。何千年も前の生き物の姿を見るなんて、なんともロマンのある話だが、実は、テレビや映画で目にする恐竜の色は、適当に決められている事実をご存知だろうか。

肉食恐竜であるティラノサウルスは赤茶色。草食恐竜であるトリケラトプスは緑色か灰色。そんなイメージがあるが、あれには全く根拠が無い。そもそも、人間を含めた生物の肌や毛の色を決めるのはメラニンと呼ばれる色素。メラニンにはエウメラニンとフェオメラニンの2種類があり、その割合によって色の濃さなどが決まってくるのだが、古代の恐竜の情報は化石となった骨のみ。ここからメラニン色素を分析することはできない。ただし、その大きさや生態は分析可能なため、当時の恐竜と似たような生態を持つ現代の生き物を比べ、復元家やイラストレーターがだいたい同じような肌の色で着色しているに過ぎ

ないのだ。よって、もしかしたら、ティラノサウルスはショッキングピンクかもしれないし、トリケラトプスはサックスブルーなんて可能性もないとは言えないのである。

２０１０年１月、長年恐竜の色について研究してきた中国とイギリスの研究チームが、シノサウロプテリクスの色を特定したことで話題となった。シノサウロプテリクスは小型の羽毛恐竜と呼ばれる種属で、現在の鳥類に近いとされている。このシノサウロプテリクスの羽毛の化石からメラニン色素が発見され、暖色系の色合いだったことが判明したのだ。長い歴史の中、恐竜の色が判明しているのは現在この１種のみである。

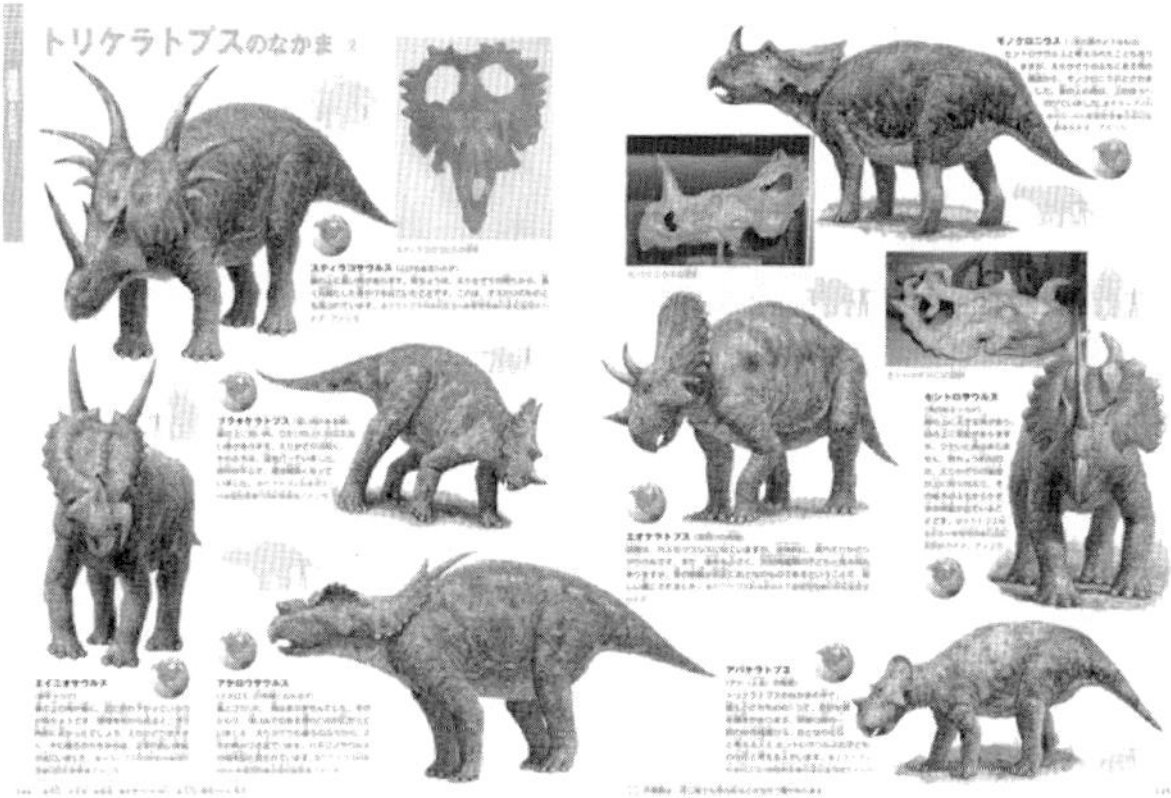

同じ恐竜でも図鑑によって肌の色が違うことも珍しくない

「斬り捨て御免」で相手に逃げられたら死刑か切腹

斬るに相当な根拠と証人が必要

江戸時代、士農工商の頂点に君臨していた武士はその権威を維持するため、法律で特別な権利を与えられていた。「名字帯刀」と「斬り捨て御免」である。後者は別名「無礼打ち」と呼ばれるように、他者から自身の面目が損なわれるような失礼な言動（年下なのに敬語を使わない、身分の下の者が故意にぶつかってきたなど）を働かれた場合、相手を斬っても処罰されないというものだ。

ただし、生命に関わる問題ゆえ、斬るに相当な明確な根拠と、その正当性を立証する証人を揃えて役所に届け出なければならなかった。もし「興が乗ったから刀を振るった」「酔っ払ってつい人を傷つけた」など自己都合で行為に及んだり、証人が見つからなかった場合、斬り捨て御免は認められず、武士は最悪、切腹も申し付けられず斬首刑を受け、家の取り潰しと財産没収が行われる可能性が大いにあった。そのため、本人謹慎中（事の如何にかかわらず、斬った後20日以上の自宅謹慎を義務づけられていた）は家人及び郎党など家来・仲間が証人を血眼になって探し、見つかりそうにない場合は評定の沙汰（裁判）を待たずに自ら切腹する者が絶えなかったそうだ。

また、例えば町人に無礼を働かれて刀を抜いたはいいものの、相手に逃げられてしまった場合、武士の不名誉として、切腹せざるをえない状況に追い込まれたという。

さらには、無礼打ちに理不尽を感じた者は、両者にどのような身分差があっても刃向かうことも許されており、このとき武士が何も抵抗せずに斬られたら「不心得者である」として、生き延びた場合でもお家の士分の剥奪、家財屋敷の没収など厳しい処分が待っていたそうだ。

こうした事情から、斬り捨て御免でお咎めなしの事例は、溢《あぶ》れ者が多く存在した江戸初期に見られたが、中期に減り始め、後期にはほとんど無くなったと言われている。

刀を抜いたら最後、失敗は許されなかった

奇妙な偶然を引き起こした航空ミステリー

エジプト航空「804便」はマレーシア航空機失踪の「804日後」に墜落した

2016年5月、乗客・乗員66人を乗せたパリ発カイロ行きのエジプト航空804便が、カイロ空港に着陸する30分前、突如として地上との交信を絶った。機影がレーダーから消える直前に急旋回し、高度を失ったことが判明しているため、捜査当局は技術的な問題を起こしたか、テロ攻撃を受けて墜落した可能性が高いと判断。ほどなくエジプト北部アレクサンドリア沖の海上で、機体の残骸も発見された。

この2年前の14年3月、クアラルンプールから北京に向かっていたマレーシア航空370便が、乗客・乗員239人を乗せたまま救難信号も発することなく突如として失踪した。日本を含めた国際社会が協力して捜索に当たったものの手がかりは皆無。マレーシア政府は「搭乗者は全員死亡したと思われる」と正式に発表しているが、未だに墜落地点さえわからず、遺体も回収されていない。同機の行方をめぐっては、「(インド洋に浮かぶ)ディエゴガルシア島に着陸した」「ハイジャックされてアフガニスタンに向かった」「手の込んだ保険金詐欺ではないか」「時空の歪みに巻き込まれ異次元世界へ行った」など、あらゆる説が唱えられるほど同便の失踪の経緯には不自然な点も多い。

　一見、全く異なる飛行機事故である。が、この2つの事故には奇妙な一致がある。エジプト航空墜落事件の発生日は、16年5月19日。そしてマレーシア航空失踪事件の発生は14年3月8日。墜落事件は失踪事件から、ちょうど〝804日後〟に起きていたのだ。これら数字の一致は単なる偶然なのか、それとも何らかのメッセージが込められていることの証なのか。今も様々な憶測が飛び交っている。

2014年3月8日、突如行方不明となったマレーシア航空370便（上）と、それから804日後の2016年5月19日に墜落したエジプト航空804便

なぜ新商品は静岡県でテスト販売されるのか？

人口、地形、住民意識、物価など全てが日本の平均レベル

メーカーが新しい製品を開発すると、本格的に売り出す前に限られた地域で試しに販売し消費者の評価を得る。いわゆる「テスト販売」だ。このテスト販売の多くが静岡県で実施されている事実をご存じだろうか。

テスト販売には市場の大きさが大切な要件になる。人口が少なすぎるとサンプルにならず、逆に人口が多すぎるとコストがかかり過ぎてしまう。その点、静岡はテストに最も適した規模らしい。

また、住民の意識や消費行動に関する様々な統計データが、日本全体のデータに近く、「豊かさ指標」でも静岡県は全国でほぼ中位。さらに、気候が温暖で山や海もある地形、都市部と農村地帯を有し、人口の年

東京や大阪から適度に離れているのも好都合

代構成、世帯当たりの消費支出額、物価などの面でも日本の平均を集めたような地域といえる。さらには、東京や大阪などの大都市から適度に離れているため、大都市近郊ほど情報洪水の弊害を受けておらず、テレビCMや新聞広告の効果を測定しやすいというメリットもある。

これらの点を総合し、静岡県でテスト販売をすれば、全国平均に最も近いデータが得られると判断。各メーカーは、静岡での評判が良ければ商品化に踏み切り、逆に悪ければ静岡以外では発売されずお蔵入りとなるそうだ。

札幌や広島もほぼ同様で、文化的独自性が少なく、かつ〝進取の気質〟が高いため、他の大都市圏に比べテスト販売がしやすいという。一方、札幌は気候面で日本の平均とはいえず、季節商品には向かないそうだ。ちなみに、テスト販売に最もマッチしないのは、東京と大阪。収入が高く、購買欲が旺盛な人が多いため、新製品のテスト販売をすると、とりあえず何でも売れてしまうらしい。

新しいお菓子、スナック類がテスト販売されることも多い

マリファナを意味するスラング
欧米のホテルに「420号」が無い理由

日本では「4」(死)が「9」(苦)が忌み嫌われる数字として、旅館やホテルには該当する番号の部屋を設けない場合が少なくない。では、欧米のホテルの多くに「420号」が存在しない理由をご存じだろうか。

実は、420(フォー・トゥエンティ)は、海外でマリファナを意味するスラング。毎年4月20日は「マリファナ国際記念日(マリファナデー)」として、当日の午後4時20分になると世界各地で多くのマリファナ愛好者が集まり、大麻を吸い祝ったり、マリファナの合法化を訴えるイベントを行っている。

当然、ホテルの「420号」も彼らにとっては特別の場所で、ホットボックス(部屋を閉め切ってマリファナの煙を充

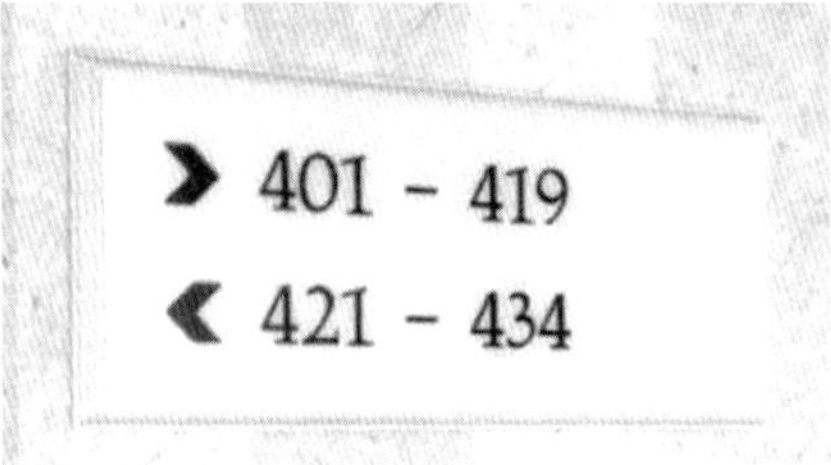

このホテルには420号室は存在しない。

満させる）として使うことが楽しみとなるのだが、ホテル側からすれば大迷惑。そこで、最初から420号室を設けないというわけだ。

では、なぜマリファナを「420」と言うようになったのか。一番有力なのは次の説だ。

『1970年代の始め、カリフォルニア州のサンラフェル高校の生徒たちが、毎日放課後の午後4時20分、ルイ・パスツールの銅像の前に集合し大麻を吸っていた。この集いの名前を仲間内だけに通じる隠語として、その時間を示す420（フォー・トゥエンティ）という言葉で表現した』

他にも、警察がマリファナ事件を無線連絡する際のコードが「420」だから、マリファナの活性化学物質が420個だからなど諸説あり、今も論争の対象になっているらしい。

欧米で車のナンバープレートや、任意に使用している数字などに420が混じっていれば、マリファナ愛好家である可能性は少なくない。

中には、このように部屋番号を表記するホテルも

長女は妹より太りやすい

２０１５年８月、ニュージーランドのオークランド大学の研究チームが、「長女として生まれた女性は次女よりもＢＭＩ（肥満度）が高く、肥満になりやすい」と発表した。これは、スウェーデンの出生登録データをもとに、１万３千４０６組の姉妹を対象とした調査によってわかったものだ。研究チームは、環境や遺伝子など体重に影響しそうな要素を排除するため〝姉妹〟に着目し、長女という立場が体重に影響するのかどうか調査し、長女は、出生時には次女よりもわずかに軽かったにもかかわらず、成人になったときのＢＭＩが２・４％高いという結果を得た。これは成人女性、成人男性、両性の子供を対象に実施された３つの先行研究の結果を裏付けているという。長女と妹の体重が異なる原因について詳細はわかっていないが、研究チームは胎盤への血液供給の差異のせいではないかと推測。つまり、初妊娠では胎盤の血管が細く、血流が遮られている可能性があるのだそうだ。

成人になった際、BMIに2.4%の開きが

サウジアラビアはオーストラリアからラクダを輸入している

サウジアラビアで最も有名な動物とは？　そう聞かれたら、誰でもラクダと答えるだろう。サウジにおけるラクダの人気は絶大で、ペットとして飼われたり、首都リヤドでは年に一度多くの観客を集めラクダレースも行われているそうだ。そんなサウジアラビアが、オーストラリアからラクダを輸入している事実をご存じだろうか。

日本人にはあまり知られていないが、オーストラリアの砂漠地帯には２０１４年現在、１００万頭ものラクダが生息、22年には2倍になると予測されている。年々増殖し、野生化したラクダは強い日照りが続く乾期になると、農作地帯に到来し、水などを探して農作地を荒らすように。もはや、オーストラリアにとってラクダが害獣以外の何物でもなく、ヘリコプターで上空から射殺して回るなど残虐な手段で駆除されまくっているという。

こうした非人道的な行為に動物団体などから非難が集中。どうせならラクダが愛される国サウジアラビアに引き取ってもらおうと、輸出されているのだ。オーストラリアのラクダ、哀れです。

ガンジーは父親の最期を看取れないほどセックスに溺れていた

「非暴力・不服従」をモットーに、インドの独立運動を指揮したマハトマ・ガンジー。まさに偉人の中の偉人とでも言うべき人物だが、ガンジーが若い頃、かなりのろくでなしだったことはあまり知られていない。ヒンドゥー教徒なのに肉は食うわタバコは吸うわ、さらには金を盗んだこともあるというから驚きだ。妻をめとったのも13歳と、結婚年齢の低いインドでもかなりの早婚で、しかも、毎日のようにセックスに溺れていたそうだ。父親の体調が悪くなり、看病しなければならないときでもヤリ放題。その間に父親は亡くなってしまい、死に目にあえなかったそうだ。偉人にはほど遠いエピソードだが、こうした体験が後にガンジーを「禁欲主義」に向かわせたとも言われている。

さすがガンジーと言えなくもない

「フェラチオ」という言葉を広めたのはチャップリン

喜劇王チャップリンは生涯4回結婚し、そのうち3回は相手の女性が10代だった。とにかく若い女が好き、というよりロリコンで、2番目の妻リタ・グレイと知り合ったのは彼女が「キッド」（1921年公開）に子役として出演した13歳の頃。本作で監督・主演を務めていたチャップリンはリタにぞっこんとなり、すぐに性的関係を結んだと言われている。その後、リサが16歳のとき2人は結婚、2子を授かるものの4年後に破局。その離婚裁判で、彼女は「夫からフェラチオを強要された」と発言する。フェラチオはラテン語で、当時のアメリカにそんな言葉は存在すらしなかった。とはいえ、ペニスを口で愛撫する行為自体は秘かに誰もが楽しんでいたのも事実。リタが法廷でチャップリンの性的嗜好を明らかにしたことによって、フェラチオは市民権を得て、その後世間に広まっていく。

チャップリンと、2番目の妻リタ

ベートーベンの肖像画の不機嫌顔は家政婦が作った朝食が不味かったから

世界の音楽史にその名を轟かせる〝楽聖〟ベートーベン。ここに掲載したのは、彼の最も有名な肖像画だ。ロマンスグレーのウェーブヘアーをたなびかせ記譜にいそしむその表情は険しく、いかにも偉大な芸術家の創作の苦労を描いた作品のように思える。しかし、事実は全く違う。弟子のシンドラーの証言によれば、元来じっとしていられない性格のベートーベンは、画家ヨーゼフ・カール・シュティーラーの絵のモデルになった1820年のこの日も、終始いらいらしていた。加えて当日は特別な事情があった。家政婦が朝食で作った本来大好物の「茹でたてマカロニのチーズ和え」が焦げて不味かったのだ。それがゆえの、この不機嫌顔。大作曲家にしてはあまりに器の小さなエピソードである。

音楽室などで見かけるお馴染みの１枚

新選組が殺した人数は敵よりも味方の方が多い

幕末の京都で反幕府勢力の取り締まりに当たった新選組。局長の近藤勇をはじめ沖田総司、土方歳三ら有名どころが尊皇攘夷派武士を斬殺した池田屋事件（1864年）に代表されるように、問答無用の暗殺を担《にな》った〝人斬り集団〟というイメージが強いが、幕末維新史研究家、菊地明の著作『新選組 粛清の組織論』によれば、彼らが正式な任を受け殺害した敵はたったの26人。対して、局長批判、脱走、金策、脱退志願、反幕活動、士道不覚悟などを理由に殺害した仲間は40人にのぼるとされる。早い話、殺した数は敵より味方の方が多かったのである。新選組の任務が原則、捕縛（生け捕り）にあったとはいえ、この数字の違いは、組織内で内部抗争が絶えなかったことを雄弁に語っている。

近藤勇と並ぶ新選組初代局長・芹沢鴨も、内部の派閥争いの末、近藤らに暗殺された

「壁ドン」は暴行罪に問われることがある

隣接する部屋の住人に抗議の意味を込めて壁を叩くのが当初の「壁ドン」の意味だったが、少女マンガやドラマをきっかけに、男性が女性を壁際に追い詰めて手をつき、口説く行為を指すものとして意味が変容。２０１４年には流行語大賞にノミネートもされるほど市民権を得た。が、安易に壁ドンするのは考えもの。なんと、場合によっては暴行罪に問われる可能性もあるというのだ。

実は暴行罪は、相手の身体に直接触れずとも、例えば包丁を振り回したり石を投げたりしても成立することがある。よって、あまりに強く壁を叩いたり、勢いよく顔を近づけての〝壁ドン〟は相手の受け取り方しだいで罪になりかねない。さらに、嫌がる女性に対して男性が「今日帰ったらどうなるかわかるよな」などと言えば、脅迫になってしまうことも。壁ドンで捕まったなんて、それこそドン引き。

場合によっては犯罪

なぜ「夜に口笛を吹いてはいけない」のか

日本に古くから伝わる風習やタブーが生活の中にたくさんあり、「夜に口笛を吹くとヘビがくる」もその一つである。実際に口笛を吹いてもヘビは来ないのに、なぜ日本人は昔から口笛を吹かないように言い伝えてきたのだろう。

調べてみると、大きく3つの説があるようだ。まず、古くは口笛を「うそぶき」と表現し、「うそ」という音には神や精霊を招く力があると信じられてきたというもの。そのため、夜に騒音を立てないという隣近所へのマナーだけでなく、神聖な行為だからこそ慎むようにとの教訓だという。他には、口笛は泥棒同士の合図とされ、夜に口笛を吹いて泥棒グループを我が家に呼ばないためだという説や、東北地方では、「人買い」が子供を買いに来た際に合図として口笛を吹いたそうで、そこから、「口笛を吹いてると人買いに連れて行かれるぞ」と、親が騒ぐ子供を戒めるために用いられたとも言われている。

やってくるのはヘビ？　泥棒？人買い？

剣道で一本を決めガッツポーズをすると一本取り消し

サッカーでゴールを決めた選手は、喜びを全身で表す。サポーターに駆け寄ったり仲間と抱き合ったり、時にはガッツポーズで自分のプレイを誇示する者もいるだろう。が、あらゆるスポーツにおいて、勝利のガッツポーズが許されない競技がある。剣道だ。「剣道試合・審判規則」にこんな一文がある。「試合者に不適切な行為があった場合、主審が有効打突の宣告をした後でも、審判員は合議の上、その申告を取り消すことができる」。つまり、選手が一本を決め審判が手を挙げても、その選手がガッツポーズなど不適切なパフォーマンスを行えば、相手に思いやりの無い不適切な行為と見なされ、一本が無効になってしまうのだ。礼節を重んじる剣道ならではの規定だが、少し重すぎる気がしないでもない。

剣道は、原則として二本先取した方の勝ち

日本初の女性向けソープランド閉店の理由

２０１０年、全国初として話題になった福岡・中州の女性向けソープランド「Ｃ」。サービス内容は男性用と同じで、個室にベッドと風呂があり、ソープボーイが客の女性に「癒やしのサービス」（当然、本番あり）をするというものだ。料金は90分3万円と、なかなかの価格設定ながら、オープン直後は全国から女性が来店。客層は30代を中心に20代から50代まで幅広かったという。しかし、当初は大繁盛だったこの店、８ヶ月足らずで閉店を余儀なくされた。中州のど真ん中にあり、人目を気にする地元女性に敬遠されたのも一因だが、最大の理由は、男性従業員の体力が持たなかったから。男性は生理上、１日３人を相手にするのがせいぜい。だが女性客の指名は人気の男性に集中。従業員は勃起薬を飲みながら頑張ったものの、最後は精も根も尽き果てたそうだ。世の中は需要があっても、供給が追いつかなければどうにもならない。

ソープボーイは射精を義務づけられていたという（写真はイメージ）

知らなきゃよかった!
本当は怖い雑学
衝撃編

2017年10月21日　第1刷発行

著　者　鉄人社編集部編
発行人　稲村貴
編集人　尾形誠規
発行所　株式会社 鉄人社
〒102-0074東京都千代田区九段南3-4-5
フタバ九段ビル4 F
TEL 03-5214-5971　FAX 03-5214-5972
http://tetsujinsya.co.jp
デザイン　細工場
印刷・製本　株式会社シナノ

主要参考サイト
カラパイア、トカナ、NAVERまとめ、ロケットニュース24、Exciteニュース、ナショジオ、NAOTIONAL GEOGRAPHIC日本語版、BLOGOS、NewSphere、まいじつ、スラド、そよかぜ速報、ZAKZAK、海外の万国反応記、ナリナリドットコム、あなたの健康百科、TABI LABO、ailovei
その他多くのサイト、資料を参考にさせていただきました。

ISBN978-4-86537-102-4　C0176